Reinhold Ruthe
Gönn dir Zeit

Reinhold Ruthe

Gönn dir Zeit

Die Kunst,
ohne Hektik zu leben

Brendow
VERLAG + MEDIEN

Bibliografische Information der Deutschen Nationalbibliothek
Die Deutsche Nationalbibliothek verzeichnet diese Publikation in der Deutschen Nationalbibliografie; detaillierte bibliografische Daten sind im Internet über http://dnb.dnb.de abrufbar.

ISBN 978-3-86506-165-2

Einbandgestaltung: Brendow Verlag, Moers
Titelfoto: Gettyimages
Satz: Satzstudio Winkens, Wegberg
Druck und Bindung: Clausen & Bosse, Leck
Printed in Germany

www.brendow-verlag.de

Inhalt

Vorwort

Gönn dir Zeit!

Der Umgang mit der Zeit trägt in unserer kurzatmigen Leistungsgesellschaft schon verrückte Züge! Da rasen Menschen durch die Zeit, um endlich Zeit zu haben, das Leben zu genießen. Unsere ichbezogene Gesellschaft praktiziert alles im Schnelltakt. Wir sind eine Highspeed-Generation. Wir steigern ständig unser Tempo und verlieren dabei

- Geduld,
- Besinnung,
- Stille
- und Gelassenheit.

Oft hören wir Menschen sagen:

- »Die Zeit rennt mir davon!«
- »Ich stehe von morgens bis abends unter Zeitdruck!«
- »Die Zeit sitzt mir wie ein Sklavenantreiber im Nacken!«

Aber stimmt das eigentlich? Die Zeit wird verteufelt, aber »Zeit« ist doch ein abstrakter Begriff! Die Zeit kann nicht verantwortlich sein!

- Unsere *Auffassung* von Zeit ist entscheidend.
- Unsere *Einstellung* zur Zeit bestimmt unser Leben.
- Unser *Umgang* mit der Zeit kennzeichnet unser Lebensgefühl.

Mit anderen Worten:

- Mein *Kopf* produziert den Zeitdruck.
- Meine *Lebenseinstellung* kreiert das belastende Gefühl.
- Meine *Persönlichkeitsstruktur* bestimmt, wie ich die Zeit empfinde.

- Sie wollen sich *Zeit* gönnen?
- Sie wollen zur *Ruhe* kommen?
- Sie wollen *Gelassenheit* gewinnen?
- Sie wollen dem *Stress* entfliehen?
- Sie wollen *entspannt* leben?
- Sie wollen die *Hektik* ausblenden?
- Sie wollen *Ausgeglichenheit* in den Alltag bringen?
- Sie wollen ein *in Gott erfülltes Leben* führen?

Dann suchen Sie sich Ihre Rezepte heraus. Das Buch enthält viele Tipps, Hilfen und Ratschläge dafür, wie wir die uns geschenkte Zeit genießen, abschalten und der Hetze entfliehen können.

Nicht jeder *Tipp* entspricht Ihrem Lebensstil, nicht jeder *Ratschlag* ist für Sie umsetzbar, nicht jede *Lösung* beschert Ihnen ein Patentrezept. Aber alle Schritte sind in der Praxis erprobt, es sind keine theoretischen Spekulationen.

Neben konkreten Schritten zur Ruhe ist der lebendige Glaube an Jesus Christus eine unübersehbare Rückenstärkung. Dieser Glaube gibt Kraft,

- Entscheidungen für eine gute Zeitplanung zu treffen,
- Lösungen in Angriff zu nehmen,
- die besten Hilfen auszuprobieren.

Nur wenn Sie vor sich, vor anderen und vor Gott Entscheidungen treffen und handeln, werden Sie sich gelassener und zufriedener Zeit gönnen können.

KAPITEL 1

Die Kunst, Zeit zu haben

Wie kommt es eigentlich, dass wir »keine Zeit haben«? Es ist schon verrückt, aber wahr:

- Die Lebenszeit des Menschen hat sich im Vergleich zu seinen Vorfahren um ein Drittel verlängert.
- Die Arbeitszeit hat sich in den letzten 200 Jahren um mehr als die Hälfte verringert.
- Die Zeit, die unsere Verkehrsmittel benötigen, ist so gering geworden, dass wir die größte Entfernung in kürzester Zeit überbrücken können.

Aber: Je mehr Zeit wir haben, desto mehr packen wir hinein! Im Prinzip hat doch jeder Mensch Zeit. Jeden Tag stehen uns immerhin 24 Stunden zur Verfügung! Dennoch sagen wir: »Der Zeitdruck macht mich kaputt!« und lügen uns dabei in die eigene Tasche.

Nein, es ist nicht die Zeit!

- *Wir* machen uns verrückt!
- *Wir* selbst machen uns kaputt!
- *Wir* selbst bringen uns unter Zeitdruck!
- *Wir* und niemand anders produzieren Zeitnot!

In einer Zeitschrift las ich den unsinnigen Satz: *»Unsere Welt der linearen Beschleunigung wird den drohenden ›Zeitinfarkt‹ nur vermeiden können ...«*

»Zeitinfarkt«? Was ist das denn?

Es gibt einen Herzinfarkt und einen Augeninfarkt, aber keinen Zeitinfarkt! Die Zeit läuft nur in unserer Vorstellung schneller oder langsamer. Die Zeit selbst verändert ihr Tempo nicht – es ist der Mensch. Der Mensch kann einen Geschwindigkeitsrausch und einen Geschwindigkeitskult entwickeln.

Wie sagte schon Angelus Silesius: *»Mensch, werde wesentlich!«*

In Wuppertal hat die Polizei einige Schilder aufgestellt, die nachdenklich machen:

- »Raser sind schneller am Baum!«
- »Raser kommen schneller ins Krankenhaus!«
- »Raser sind schneller unter der Erde!«

»Gott legt Menschen auf den Rücken, damit sie besser nach oben schauen können.« In diesem Sprichwort steckt viel Wahrheit. Wer Gott aus seinem Leben ausquartiert, lädt andere Götter zum Wohnen ein. Wer Gott nicht zum Inhalt seines Lebens macht, braucht andere Inhalte. Wer Gott nicht als Sinn seines Lebens erlebt, muss durch Wühlen, Schaffen und Kreativität Sinnsurrogate aufbauen.

Bei uns ist es so: Zeit, die für den Menschen mit dem Tod abbricht, muss bis zum letzten Zeittropfen ausgekostet werden. Und die Angst vor dieser Barriere ist riesengroß.

Menschen unter dem Zeitdiktat sind Sklaven ihrer falschen Lebensphilosophie. Sie müssen jagen und hetzen, wie auch immer ihre fragwürdigen Ziele heißen mögen. Werden sie älter, erhöhen sie ihr Tempo. Wer weiß denn, wie viel Zeit ihnen noch bleibt.

Das heißt doch: Die Ewigkeit ist keine Perspektive.

Was war früher anders?

Das Lebensgefühl der Menschen war früher auf jeden Fall ein anderes. Auch die Informationsflut, mit der Menschen heute überfüttert und überschwemmt werden, gab es vor hundert Jahren noch nicht. Die Leute erlebten kein Bombardement von schlechten und belastenden Nachrichten. Das Zusammenleben, vor allem auf den Dörfern, war intensiver. Alle waren stärker aufeinander angewiesen. Das Gemeinschaftsgefühl wurde stärker gepflegt, Freud und Leid wurden ausgetauscht. Und die Leute nahmen sich dafür auch Zeit. Man war viel inniger mit Nachbarn und Verwandten verbunden als heute.

Meine Mutter ist 92 Jahre alt geworden. Wenn sie zu Besuch kam, erzählte sie uns gern von der guten, schweren, alten Zeit. Denn vieles war keineswegs besser. Vieles war schwerer, die Belastungen waren in vielerlei Hinsicht größer. Mein Großvater ging zum Beispiel morgens vier Kilometer zu Fuß zur Arbeit. Abends kam er zu Fuß zurück, nach zehn Stunden harter Arbeit. Er arbeitete in einer Düngemittelfabrik und musste den ganzen Tag über zwei Zentner schwere Säcke schleppen. Jeden Sonntag ging er mit seiner Familie zur Kirche. Das waren auch zwei Kilometer zu Fuß. Meine Mutter musste ihm jahrelang nach der Schule Essen bringen. Jeden Tag vier Kilometer hin und vier Kilometer zurück. Alles zu Fuß. Es gab ja noch kaum Autos und Fahrräder hatten wir nicht. Alle mussten schwer arbeiten.

Wir dürfen die Zeit nicht glorifizieren.

Dennoch war meine Mutter der festen Überzeugung:

- »Die Menschen hatten mehr Zeit.«
- »Die Menschen hatten mehr Muße.«
- »Die Menschen waren gelassener.«

Es wurde hart, aber ruhig gearbeitet. Ganz sicher fehlten weitgehend Hetze und Hektik. Die Schnelligkeit hatte die Menschen noch nicht erreicht. Die Wege wurden zu Fuß erledigt. Dadurch waren die meisten Menschen ständig in Bewegung und wurden nicht einseitig belastet. Die Erschöpfung erfasste in erster Linie den Körper. Schlaf- und Einschlafprobleme gab es weniger als heute.

Ameise oder Schnecke?

Keine Frage, die Zeitrhythmen sind in verschiedenen Kulturen unterschiedlich, zumal auch die Menschen in den einzelnen Kulturen unterschiedlich sind.

Es gibt Menschen, die werden als »Ameisentypen« beschrieben. Das sind Hektiker, immer in Bewegung, emsig und fleißig – zumindest sieht es so aus. In der Regel sprechen sie schnell und hastig. Sie reagieren unruhig, ungeduldig und verhalten sich kribbelig.

Dann gibt es die »Schneckentypen«. Sie sind ruhig, gelassen, langsam und zähflüssig. Ihnen gelingt es, sich zurückzunehmen. In der Regel sprechen sie langsamer als andere, sind geduldiger und weniger nervös. Auch essen sie langsam und bedächtig und kauen etwas mehr als gewöhnlich.

Schon beim Essen erkennt man den Typ. Der Schneckentyp ist bei Tisch derjenige, der als Letzter fertig wird. Essen hat für ihn eine ganz andere Bedeutung als für den Ameisentyp. Für den Ameisentyp ist essen Nebensache. Er isst und schluckt schneller, und damit alles fließt, trinkt er gleichzeitig.

Schnelle Menschen benötigen auch in ihrem Umfeld einen schnellen Zeittakt, also am Arbeitsplatz, in der Familie, im Freundeskreis und im Privatleben. Schnelle Menschen leiden häufig unter der »Eilkrankheit«, wie Psychologen dieses Phänomen bezeichnen. Durch den permanenten Zeitdruck, unter dem sie stehen, leiden viele von ihnen unter Herz-Kreislauf-Störungen, unter Isolation und unter einem niedrigen Selbstwertgefühl. Sie wollen sich beweisen, wollen etwas aus sich machen und geraten dadurch in Hektik.

Lerche oder Eule?

Es gibt Abendmenschen und Morgenmenschen, Abendmuffel und Morgenmuffel. Die einen starten sehr früh am Morgen frisch, erholt und gut gelaunt in den Tag. Andere werden mürrisch und stöhnen, wenn der Wecker schellt.

Die »Lerchen-Menschen« sind Frühaufsteher. Sie genießen die Frische des Morgens. Allerdings werden sie auch früh am Abend schon wieder müde.

Die »Eulen-Menschen« dagegen sind Nachtschwärmer und werden erst um Mitternacht richtig aktiv.

Wissenschaftler haben festgestellt, dass Lerchen und Eulen eines gemeinsam haben: Mit dem Alter verändert sich auch ihr Verhältnis zur Zeit. *»Roenneberg, der erste Professor für Chronobiologie in Deutschland, ließ an 25 000 Menschen aller Altersstufen Fragebögen verteilen und im Internet beantworten. Gefragt wurde nach Aufwach- und Zubettgehgewohnheiten und wie fit man sich zu verschiedenen Tageszeiten fühlt. Die Daten zeigen, dass sich der individuelle Chronotyp im Laufe des Lebens – wahrscheinlich hormonell bedingt – verändert.«*[1]

Roennebergs Auswertungen ergaben:

- Kinder sind meist Lerchen, wie leidgeprüfte Eltern wissen.
- In der Pubertät verschiebt sich die Aufwachzeit nach hinten. Die Kinder schlafen länger. Das hält etwa bis zum 20. Lebensjahr an. Erst dann bewegt sich die

innere Uhr wieder hin zu früheren Tages- und Nachtzeiten.
- Je älter die Menschen werden, umso eher werden sie wieder früh munter. Man spricht gern von der »morgendlichen Bettflucht« alter Menschen.

Wer sinnvoll und hilfreich mit seiner Zeit umgehen will, sollte seine unterschiedlichen Rhythmen kennen, um nicht gegen das Ruhebedürfnis des eigenen Körpers zu handeln.

Wie schätzen Sie sich ein?

- Sind Sie ein Morgenmensch?
- Sind Sie ein Abend- oder Nachtmensch?
- Sind Sie ein »Siestatyp« – ein Ruhetyp?
- Leben Sie eine entsprechende Zeiteinteilung?

Bestimmen wir über unsere Zeit?

Der Stress im Arbeitsleben und der Stress am Arbeitsplatz sind unverkennbar und zermürbend. Immer wieder wird dabei der Faktor »Zeit« als Ursache angeführt. Die Zeit steht hinter dem Druck, den die meisten Menschen kennen.

Wenn noch rationeller gearbeitet werden soll, erhöht man den Zeitdruck auf die Arbeiter und Angestellten.

- Der Termindruck wird erhöht.
- Die Pausenzeiten werden verkürzt.
- Verzögerungen, die Zeit stehlen, werden besser berechnet.
- Das Tempo wird beschleunigt.
- Die Anforderung, noch mehr Aufgaben in der gleichen Zeit zu erledigen, wird verstärkt.

Es ist bekannt, dass diese Faktoren den Zeitdruck erhöhen. Aber es bleiben Fragen:

- Sind wir den Forderungen, die die Wirtschaft an uns stellt, gnadenlos ausgeliefert?
- Sind wir den Umständen und Strukturen, die uns aufdiktiert werden, verpflichtet?

Wenn dem so ist, dann machen wir uns abhängig von Anforderungen, die von außen kommen und die wir nicht mehr steuern können. Wollen wir diesen Lebensrhythmus übernehmen und ihn auf unser privates Leben übertragen?

- Dann stehen wir unter Zeitdruck.
- Dann läuft die Zeit uns davon.
- Dann haben wir die Zeit nicht im Griff.

Unser Herz als Vorbild für Zeiteinteilung

Wie sieht es bei Ihnen aus? Sie schuften bis zum Umfallen, aber dadurch können Sie sich auch einiges leisten. Oder haben Sie weniger Bedürfnisse? Wenn wir den Mut aufbringen, unsere Bedürfnisse zu reduzieren, dann bleibt uns auch mehr Zeit. Aber das ist gar nicht so leicht.

Es ist schon beinahe absurd: Jahrzehntelang haben wir keine Zeit, weil wir eines Tages Zeit haben wollen, um die Zeit zu genießen. Kommt dann die Zeit, wo wir Zeit haben könnten, haben wir keine Zeit mehr, die Zeit zu genießen.

Die durchschnittliche Lebenserwartung bei Männern beträgt gut 75 Jahre. Bei Frauen sind es etwa 82 Jahre. Wenn wir eine Zeitleiste zeichnen würden, wo ständen Sie jetzt? Machen Sie sich Gedanken darüber, wie viele Jahre Sie noch zu leben haben? Was wollen Sie noch erreichen? Was *müs-*

sen Sie noch erreichen? Welche Kräfte oder Mächte und welcher Ehrgeiz treiben Sie an?

Interessant, was die beiden Bestsellerautoren Amy Bjork Harris und Thomas A. Harris über die Zeiteinteilung schreiben: »*Das beste Vorbild für Zeiteinteilung ist Ihr Herz. Während des aus drei Phasen bestehenden Herzschlags arbeitet das Herz ein Drittel der Zeit und ruht zwei Drittel. Zuverlässig und fehlerfrei erfüllt es seine Aufgabe von der Geburt bis zu unserer letzten Stunde. Bei einem gesunden Menschen summiert sich das im Lauf eines Lebens zu annähernd drei Milliarden Schlägen – oder dreitausend Millionen, wenn Ihnen das eine bessere Vorstellung von dieser enormen Leistung vermittelt.*

Würden wir dem Beispiel unseres Herzens folgen, würden wir die 24 Stunden des Tages in drei Abschnitte einteilen: Acht Stunden Arbeit, acht Stunden Schlaf und acht Stunden für Tätigkeiten, die die Kräfte regenerieren. Was für eine revolutionäre Veränderung würden wir als Einzelwesen und als Gesellschaft erleben.«[2]

Wie gehen wir mit den acht Stunden um, die uns für Erholung, Spaß, Besuche von Freunden, Theater, Veranstaltungen und Hobbys bleiben? Wer bestimmt über diese Zeit? Wird sie gefüllt mit Programmen, die uns andere Leute aufdrängen? Wird sie gefüllt mit der Erfüllung von Erwartungen unserer Umwelt und von Menschen, denen Sie nicht Nein sagen können?

Wer über seine Zeit bestimmen will, muss Entscheidungen treffen. Wer keine Entscheidungen treffen kann, wird von Aufgaben, Problemen, Forderungen und Erwartungen überrannt. So gerät er unter Zeitdruck und bekommt Atemnot, ein typisches Anzeichen von Angst. Der lateinische Ursprung des Wortes Angst ist *angustiae*, es bedeutet so viel wie »Enge«, »Knappheit«, ein Gefühl, das der Asthmatiker gut kennt.

Zeit ist eine soziale Konvention

- Die Zeit hilft den Menschen, miteinander zu kommunizieren.
- Die Zeit hilft den Menschen, sich darüber zu verständigen, wo und warum sie etwas gemeinsam tun wollen.
- Die Zeit hilft den Menschen, sich zeitlich aufeinander abzustimmen.

Die Zeit wird von uns gemessen, erst dadurch entsteht sie überhaupt. Unsere Uhren sind ein Hilfsmittel dafür, um uns Menschen ein relativ konfliktfreies Zusammenspiel zu garantieren.

Die Räderuhr, wie sie im Übergang vom 13. zum 14. Jahrhundert entstand, war die erste moderne Maschine überhaupt. Sie war eine revolutionäre Erfindung. Die Räderuhr war es, die das Prinzip der Teilung und Zergliederung schuf. Dieses Instrument hilft uns, unser Zeitempfinden zu bestimmen, taktgenau und in definierten Abständen. Zuerst gab es die Uhren auf Türmen, an Rathäusern und an Palästen zu sehen. Von dort regelten sie das öffentliche und private Leben. Die Uhr war zugleich das Medium und der Bezugsrahmen, um das Zusammenleben der Menschen zu garantieren.

Mit der immer größeren Einteilung der Zeit begann auch ihre Moralisierung. Es hieß: *»Wenn das Leben ein Geschenk Gottes ist, dann soll der Mensch sein Leben auch zu gottgefälligen Werken nutzen.«* Der Aspekt des Christentums, dass der Mensch verantwortlich mit seiner Zeit umgehen soll, kommt aus dieser Epoche. Er wird aufgefordert, vor sich selbst, vor den anderen Menschen und vor Gott Rechenschaft darüber abzulegen, wie er seine Zeit verbringt.

Besonders der Calvinismus versuchte, dem Menschen, der ja von Gott auserwählt war, nahezulegen, seine Zeit zu wirtschaftlichem Erfolg zu nutzen. Begriffe wie

- Pünktlichkeit,
- Pflicht,
- Zuverlässigkeit
- und Treue

spielten in Verkündigung und Seelsorge eine besondere Rolle.

In der zweiten Hälfte des 18. Jahrhunderts fanden dann gewaltige Veränderungsprozesse statt. Die Menschen wurden an die Maschinen angepasst, und plötzlich bestimmten die Maschinen das Zeitmaß und den Betriebsablauf. Nach 1820 kamen das elektrische Licht und die Eisenbahn als Reisemittel hinzu, Erfindungen, die einen großen Einfluss auf die Zeiteinteilung und den Zeitablauf hatten. In kürzester Zeit mussten die Menschen die gewaltigen Veränderungen in ihr Leben integrieren.

Wir sehen: Der Mensch erlebt keine Zeitkrise, sondern er wird überfordert, weil er zu viele Aufgaben auf einmal erbringen muss. Nicht die Zeit beschleunigt sich, es ist der Mensch, der sein eigenes Zeitgefühl beschleunigt.

Leben heißt Zeit haben

Wir reden davon, dass wir »Zeit haben«. Korrekt ist dieser Satz nicht, denn bei »Zeit haben« könnte man denken, wir würden über die Zeit verfügen. Aber das stimmt nicht.

- Die Zeit widerfährt uns.
- Die Zeit gehört zu unserem Leben.
- Die Zeit ist in Leib, Seele und Geist eingebunden.

Auch Uhr und Kalender sind in Bezug auf die Zeit fragwürdige Objekte. Die Zeiger der Uhr bestimmen einen Kreis, und der hat keinen Anfang und keinen Endpunkt. Die Uhr zeigt also nicht das Kontinuum, das Fortlaufende. Die Zeiger kreisen zwölf Stunden und beginnen dann von Neuem. Und auch der Kalender hat keinen Bestand, er ändert sich nach einem Jahr.

Wie die Zeit uns quälen kann, wird deutlich, wenn wir nachts nicht schlafen können. Der Sekundenzeiger tickt, die Minuten laufen dahin, die Stunden schleppen sich in die Länge. Uns ergreift eine namenlose Angst. Das Leben fließt bedeutungslos dahin. Erbarmungslos schreitet die Zeit voran und erinnert uns daran, dass alles auf ein Ende zusteuert. Erleben wir den Mangel im Schlaf darum so belastend, weil die Uhr gnadenlos tickt und wir erfahren, dass wir einmal sterben müssen?

Im Grunde sind wir der Zeit ausgeliefert. Jeder erlebt *seine eigene Zeit,* denn alle Menschen sind einmalige Geschöpfe. Jeder erlebt die Zeit anders. Jeder füllt die ihm geschenkte Zeit anders. Für den einen läuft der gleiche Moment schnell, für den anderen langsam. Erwachsene Menschen haben den Eindruck, die Zeit rast. Kinder dagegen meinen, die Zeit trödelt. Ihnen geht alles viel zu langsam, während ihren Eltern alles viel zu schnell vergeht.

- Die Zeit läuft nicht gleichmäßig.
- Die Zeit empfinden Jung und Alt unterschiedlich.
- Die Zeit erleben Verliebte und Sterbende völlig anders.

Jeder von uns hat Zeit geschenkt bekommen. Niemand hat ein Recht auf Zeit, denn es geht nicht um Recht, sondern um Gnade.

- Zeit steht uns nicht zu.
- Zeit fällt uns zu.
- Zeit ist ein Geschenk.

Das bedeutet auch: Je mehr wir uns vergleichen, desto schlimmer ergeht es uns. Wer sich vergleicht, belastet sich.

- Für *mich* kommt es auf *meine* Zeit an.
- Für *mich* kommt es auf *meine* Chance an.

Zeit haben heißt auch, die Zukunft gestalten. Die Zukunft liegt vor uns. Keiner weiß, was auf ihn zukommt. Wir erleben sie als etwas Offenes, Rätselhaftes, das sich auf keine Weise berechnen lässt.

Ich muss die Zukunft, die mir zufällt, zu *meiner* Zukunft machen. Und das ist nicht eine Frage des Glücks, das ist eine Frage der Tüchtigkeit, der Umsicht, der Meisterung. *Meine* Zukunft muss *ich* gestalten, und zwar mit den Gaben und Möglichkeiten, die mir gegeben sind.

Johannes Hanselmann, der ehemalige Bischof der bayrischen Kirche, schrieb einmal das bemerkenswerte Wort: *»Ein kluger Kopf hat mal gesagt: ›Ein Seil, das zwischen zwei Ufern ausgespannt ist, das ist der Mensch – ausgespannt zwischen dem Ufer der Vergangenheit und dem der Zukunft. Der Mensch zwischen Woher und Wohin.‹ Jeden Tag stehen wir vor dem neuen Ufer der Zukunft. Das Ufer der Vergangenheit liegt hinter uns, die Zukunft vor uns. Wie sagt Paulus im 2. Korintherbrief: ›Das Alte ist vergangen, Neues ist geworden.‹« (2. Korinther 5, 17)*

Wenn wir als Christ leben, sind wir eine neue Schöpfung, das Alte gehört der Vergangenheit an. Das alte Jahr, das alte Leben, die alten Beziehungen, die alten Gewohnheiten, aber auch Fehlschläge und Krankheiten. Mit ihnen können wir unbeschwert ins Morgen gehen.

Wer weiß, was kommt?
Wer weiß, wer kommt?
Ich weiß: Jesus geht mit!

KAPITEL 2

Ursachen für Zeitdruck, Nervosität und Unruhe

Unzählige Menschen sind nervös, unruhig und unzufrieden. Sie leiden an Krankheiten, laufen kopflos hin und her oder tun viele unvernünftige Dinge, um ihren Stress loszuwerden.

Viele geraten in Zeitdruck und schieben dann der »bösen Zeit« das in die Schuhe, was sie selbst verursacht haben. Es ist aber so, dass persönliche Eigenarten, bestimmte Persönlichkeitsmerkmale und charakteristische Lebensstile eine besondere Bedeutung in Bezug auf Zeitdruck haben.

Einige Ursachen für Unruhe und Zeitdruck sind

- der eigene Lebensstil,
- eintrainierte Gewohnheiten,
- bestimmte Persönlichkeitsstrukturen,
- von außen hereingetragene Schwierigkeiten.

Zeitprobleme sind Lebensstilprobleme

Jeder Mensch hat einen ihn kennzeichnenden Lebensstil, eine Lebensgrundüberzeugung, die seine Art des Denkens, des Planens und des Handelns widerspiegelt.

Mein Lebensstil, das ist

- meine Persönlichkeit mit Stärken und Schwächen,
- meine Persönlichkeit mit Fehlern und Eigenarten,
- meine Welt- und Glaubenseinstellung,
- die Summe meiner Verhaltens- und Einstellungsmuster, wie ich das Leben anpacke und wie ich mit Zeit umgehe.

Mein Lebensstil beinhaltet,

- ob ich ehrgeizig oder entscheidungsschwach bin,
- ob ich langsam oder schnell bin,
- ob ich bedächtig oder risikofreudig bin,
- ob ich nachlässig oder gewissenhaft arbeite und mit der Zeit umgehe.

Mein Lebensstil beinhaltet

- gutes oder schlechtes Planen,
- Grübeln oder kopfloses Handeln,
- Perfektionismus oder Oberflächlichkeit,
- ein Entweder-oder-Handeln,
- geistlichen Tiefgang oder geistliches Desinteresse,
- Materialismus oder Idealismus.

Selbstverständlich sind alle nur erdenklichen Mischungen möglich. Mein Lebensstil verkörpert die unerkannten und unverstandenen Motive meines Handelns, die sich in den genannten Mustern verbergen können.

Schlechte Zeitplanung hat nichts mit Dummheit oder mangelnder Intelligenz zu tun. Ein problematischer Umgang mit der Zeit ist vielmehr eine Frage des Lebensstils. Was geändert werden muss, ist *nicht* in erster Linie die Anschaffung eines größeren Terminplaners oder einer besseren Rationalisierung der Arbeitszeit. Solche kosmetischen Korrekturen verdecken nur das eigentliche Lebensproblem. Wir schieben damit die Umstrukturierung unseres Lebenskonzeptes hinaus. Wir fliehen vor der Lebensbilanz. Was wirklich geändert werden muss,

- sind meine Lebensgrundüberzeugungen,
- sind meine problematischen Grundannahmen,
- sind meine eingefleischten Leitmotive,
- sind meine Urteile und Vorurteile über die Zeit, über den Sinn des Lebens und über meine Lebensideale.

- Warum handeln wir ständig *nervös*?
- Warum handeln wir ständig *gereizt*?
- Warum sind wir *überdreht* und kommen *nicht zur Ruhe*?
- Warum sind wir mit den *Nerven am Ende*?
- Was drücken wir mit *psychosomatischen Störungen* aus?
- Was sagen wir über uns mit *Bluthochdruck und Schlaflosigkeit* aus?

Sind es körperliche Schwächezustände oder Lebensgrundprobleme, die hinterfragt werden müssen?

Sie können

- die Zeit laufen lassen,
- die Zeit vertrödeln,
- die Zeit vergessen,
- die Zeit überhören,
- die Zeit totschlagen,
- die Zeit nutzen,
- die Zeit auskaufen,
- die Zeit genießen.

Sie können nicht

- die Zeit verlangsamen,
- die Zeit anhalten,
- die Zeit ausklammern,
- die Zeit aus der Welt schaffen.

Gewohnheiten, die Zeit kosten

Zeiteinteilung und Umgang mit der Zeit haben viel mit unseren Gewohnheiten zu tun. Wie schrieb schon vor einigen tausend Jahren der Philosoph Aristoteles: *»Wir sind das, was wir wiederholt tun. Vorzüglichkeit ist daher keine Handlung, sondern eine Gewohnheit.«*

Positive Eigenschaften sind eingeübt und langfristig eintrainiert worden. Aber auch schlechte Gewohnheiten, destruktive Gewohnheiten, die unser Zusammenleben behindern und viel Zeit in Anspruch nehmen, sind Folgen unseres Lebensstils, sind Folgen unseres Denkens und Planens.

Unsere Persönlichkeit besteht im Wesentlichen aus unseren verschiedenen Gewohnheiten.

- Gewohnheiten sind machtvolle Faktoren in unserem Leben.
- Gewohnheiten haben eine enorme Schwerkraft.
- Gewohnheiten reagieren nur ungern auf unsere Willenskraft.
- Gewohnheiten sind eine Mischung aus Wissen, Fertigkeiten und Wünschen.
- Gewohnheiten haben sich fest in unseren Charakter eingegraben. Darum besitzen sie eine enorme Schwerkraft. Wir haben sie uns angewöhnt.

Sie passen in unser *Denksystem*, entsprechen unseren *Wünschen und Vorstellungen* und sind eng mit unserem *Lebensstil* verbunden.

Gewohnheiten sind Fähigkeiten,

- die weitgehend unbewusst,
- die »automatisch«,
- die ohne langwierigen Entscheidungsprozess ablaufen.

Gewohnheiten sind äußerst hilfreich. Tausend Dinge tun wir, ohne lange zu überlegen – eben einfach aus Gewohnheit.

Zum Beispiel morgens beim Aufwachen. Die meisten Abläufe geschehen hierbei automatisch.

- Wir öffnen die Augen.
- Wir legen die Bettdecke zurück.
- Wir gehen ins Bad.
- Wir ziehen den Schlafanzug aus.
- Wir ziehen uns an.
- Wir knöpfen das Hemd zu.
- Wir bedienen den Reißverschluss.
- Wir putzen uns die Zähne.
- Wir binden unsere Schuhe zu usw.

Wenn wir jeden Handgriff bewusst neu entscheiden müssten, wären wir nach einer Stunde kraftlos.

Die Fähigkeit, Dinge aus Gewohnheit zu tun, ist an sich wertneutral. Aber die vielen Verhaltensmuster, Gewohnheiten, Wünsche und Begierden, die unser Leben geprägt haben, sollten hinterfragt werden. Wir befriedigen unsere egoistischen Wünsche, wir leben Gewohnheiten, die von schlechten Motiven geprägt sind, wir praktizieren Gewohnheiten, die dem Willen unseres Schöpfers entgegenstehen.

Wenn Gewohnheiten unseren Lebensstil kennzeichnen, dann spiegeln sie bestimmte Motivationen wider.

- Was will ich?
- Was schwebt mir vor?
- Was will ich erreichen?

Spielen Ehrgeiz, Stolz und Hochmut in unserem Lebensstil eine Rolle? Merken wir, dass die Zeit knapp wird? Der Ehrgeizige hat nämlich in der Regel Probleme mit der Zeit. Er will überholen, will etwas Besonderes leisten oder mit ähnlich denkenden Menschen konkurrieren. Ehrgeiz- und Anerkennungsstreben aber sind *zeitintensiv*. Sie beanspruchen den Menschen vom Scheitel bis zur Sohle. Sie nehmen ihn total in Beschlag.

Quält den Ehrgeizigen jetzt der Zeitdruck? Ist er jetzt ein Sklave der Zeit geworden oder steht der Mensch unter dem Diktat seines Lebensstils, der ihm die Zeit raubt?

Eine kluge Lebensregel lautet: *»Säe einen Gedanken und ernte eine Tat! Säe eine Tat und ernte eine Gewohnheit! Säe eine Gewohnheit und ernte einen Charakter! Säe einen Charakter und ernte ein Schicksal!«*

Gute und schlechte Gewohnheiten haben für das menschliche Leben eine unglaubliche Bedeutung, sie prägen den Charakter.

Gute Gewohnheiten prägen einen guten Charakter.

Wer schlechte Gewohnheiten ändern will, muss seinen Lebensstil ändern. Kinder und Erwachsene haben sich verschiedene Gewohnheiten einverleibt, die immer auch die Zeit des Menschen beanspruchen. Nur wenn ich die versteckten Ziele

- meines Ehrgeizes,
- meines Stolzes,
- meines Anerkennungsstrebens,
- meines Geltungsbedürfnisses

ändere, bekomme ich ein anderes Zeitverständnis und gehe ich anders mit der Zeit um.

Im Christsein geht es ebenfalls um das Ablegen schlechter und das Einüben guter Gewohnheiten. Menschen, die als Christen leben, werden sich verändern. Sie legen alte Gewohnheiten ab und entwickeln geistliche, geheiligte Verhaltensmuster. »Geheiligt« meint »getrennt« und »abgesondert« von der Sünde.

Fragen zur Selbstprüfung

- Welche Gewohnheiten, über die ich wenig nachgedacht habe, rauben mir die innere Ruhe?
- Welche Gewohnheiten stören meinen Zeitplan und hindern mich daran, frei und ohne inneren Druck über die Zeit verfügen zu können?
- Welche Motive sind es, die meinen Lebensstil beeinflusst und mich dazu gebracht haben, bestimmte Gewohnheiten zu übernehmen?
- Welche ungeistlichen oder geistlich begründeten Motive habe ich mir zugelegt und rechtfertige damit meine Einstellungsmuster?

Perfektionismus – ein Zeiträuber

Eine Lebensstileigenart, die viel Zeit kostet und den Menschen in seiner Gesamtheit belastet, ist *Perfektionismus*.

Perfektionisten kennen das:

- Sie müssen *genau sein.*
- Sie dürfen *keinen Fehler machen.*
- Sie arbeiten *hundertprozentig.*
- Sie dulden *keine Oberflächlichkeit.*
- Sie sind ständig *überfordert.*

Diese Gewissenhaftigkeit, Überkorrektheit und Hundertprozentigkeit kostet den Perfektionisten nicht nur Zeit.

- Seine *Geduld* wird strapaziert.
- Seine *Nerven* werden belastet.
- Seine *Unzufriedenheit* wird gestärkt.

Warum ist das so?

- Es fehlt ihm eine Portion *Großzügigkeit.*
- Es fehlt eine Portion *Gelassenheit.*
- Es fehlt eine Portion *Lässigkeit und Lockerheit.*

Dazu ein Beispiel aus meiner beratenden Seelsorge.

Eine Frau kam in die Beratung, weil sie mit den Nerven am Ende war. Sie sagte: »Wenn ich alles richtig machen will, müsste ich mich umbringen!«

Ich habe nachgefragt und untersucht, was sie unter »alles richtig machen« versteht. Dabei kam heraus: Sie hat nie Zeit, weil sie selbst Nebensächlichkeiten vollkommen erledigen will.

Sie hat drei Kinder. Ihr Mann hilft ihr im Haushalt, sonst würde sie es nicht schaffen. Aber wie läuft das ab? Ihr Mann fegt die Garage, sie fegt nach … Ihr Mann putzt die Fenster, sie putzt nach …

- Sie kann nicht *großzügig* sein.
- Sie kann nichts so *stehen lassen,* wie es ist.
- Sie *macht sich selbst kaputt.*
- Sie *»bringt sich um«,* weil sie sich selbst ein unbarmherziges Gesetz auferlegt hat.

Die Frau ist bewusste Christin und grübelt viel über ihre Sünden nach. Dabei legt sie alles und nichts auf die Goldwaage.

- Sie dramatisiert.
- Sie macht aus einer Mücke einen Elefanten.
- Sie wird von Skrupeln geplagt.
- Und sie hat ständig Zeitprobleme!

Albert Ellis, der Begründer der rational-emotiven Therapie, hat neun Lebensirrtümer gefunden. Deren letzter lautet: *»Ich kann mich mit Unvollkommenheiten nicht abfinden. Ich empfinde es als Katastrophe, wenn eine perfekte Lösung nicht gefunden wird.«*

Ich habe mir angewöhnt zu sagen: »Perfektionismus ist Sünde.« Warum?

- Perfektionismus ist eine *Zielverfehlung.*
- Perfektionismus ist *Unglaube.*
- Perfektionismus ist *unmenschlich.*
- Perfektionismus ist *unbarmherzig.*
- Perfektionismus ist *Geltungssucht.*
- Perfektionismus ist *Überlegenheitsstreben.*

Der amerikanische Seelsorger J. E. Adams schreibt: *»Sogenannter Perfektionismus ist oft nichts anderes als ganz gewöhnlicher Stolz. Manchmal ist er auch ein Ablenkungsmanöver,* *damit die Leute nicht auf das Versagen in anderen Bereichen aufmerksam werden.«*[1]

Und der ehemalige Chefarzt der psychiatrischen Klinik »Hohe Mark« im Taunus sagte einmal: *»Unsere Klinik ist voll von Ehrgeizigen und Perfektionisten. Perfektionismus ist eine Krankheit.«*

Langeweile und Ruhelosigkeit

Unter Langeweile zu leiden, ist auch ein Verhaltens- und Einstellungsmuster, das den Lebensstil eines Menschen charakterisiert. Ich *habe* nicht einfach Langeweile, sondern mein Lebensstil ist vermutlich von einem inneren Drang besessen:

- Ich muss etwas zu tun haben.
- Ich muss meine innere Leere betäuben.
- Ich kann das Nichtstun nicht aushalten.

Was ist Langeweile?

- Langeweile macht *unzufrieden*.
- Langeweile macht *unglücklich*.
- Langeweile macht *hektisch*.
- Langeweile macht *resigniert*.
- Langeweile verführt *zur Kriminalität*.

Elisabeth Lukas, namhafte Schülerin des international bekannten Psychiaters Victor E. Frankl, schrieb in einem ihrer Bücher einmal über Langeweile: *»Die Zeiten seit Sigmund Freud haben sich geändert, die heutige Generation leidet nicht mehr so sehr an unterdrückter Sexualität und unterdrückter Aggressivität – wer wollte das ernsthaft behaupten? –, sie leidet viel mehr an Langeweile, Leer- und Sinnlosigkeitsgefühlen, an* *einer totalen Resignation und erschreckenden Motivationsschwäche, die zahlreiche Massensymptome wie Drogenkonsum, zerbrechende Familien, steigende Kriminalität und Suizidgefährdung in ihrem Sog nach sich ziehen.«*[2]

Mir fallen die Krawalle der Jugendlichen in Frankreich ein. Sie terrorisierten ihre Umgebung, zündeten Autos an und schlugen Schaufensterscheiben kaputt. Die Ursache dafür war, dass sie

- an Perspektivlosigkeit,
- an Sinnlosigkeitsgefühlen,
- an Langeweile

litten.

Ihre Energien und kreativen Kräfte blieben ungenutzt, sie hatten keine positiven Motivationen und schlugen unkontrolliert um sich.

Langeweile ruft Stress hervor. Langeweile ist ebenso anstrengend wie Überarbeitung. Menschen, die unter Langeweile leiden, sind nervös und hektisch. Ihre Unruhe und Unzufriedenheit lässt sie gereizt werden.

Was fehlt solchen Menschen?

- Eine Aufgabe, die sie mit Interesse und Leidenschaft angehen.
- Die Motivation, etwas Sinnvolles zu gestalten.
- Die Erfüllung eines Plans, der ihrem Leben eine Perspektive bietet.

Abhängigkeiten, die Zeit kosten

Abhängige Menschen benutzen andere, um das zu bekommen, was sie wollen. Abhängigkeit heißt:

- Ich bemühe jemanden, der für mich sorgt.
- Ich bemühe jemanden, der für mich verantwortlich ist.
- Ich beschäftige immerfort andere Menschen, stehle ihnen die Zeit und bin selbst mit ihnen unglücklich vernetzt.

Unser Weg in die Welt beginnt in völliger Abhängigkeit. Wir werden von anderen gelenkt, ernährt und versorgt. Ohne diese Versorgung würden wir nur Stunden oder Tage überleben. Aber dann werden wir immer unabhängiger, körperlich, geistig, emotional und finanziell, bis wir uns schließlich allein versorgen können. Wir werden *von uns selbst geleitet,* wir werden *selbstständig,* wir können für uns selbst *Verantwortung tragen*.

Es gibt eine Abhängigkeit in Beziehungen, die dann eintritt, wenn Liebe zur Fessel wird. Eine solche Beziehungsabhängigkeit ist ein Missbrauch der Liebe. Viele Paare sind dadurch unglücklich geworden. Einer klebt am anderen und lässt dem Partner keine Luft. Die Sucht, sich abhängig zu machen, gebraucht zu werden und dadurch Beziehungen zu zerstören, ist riesengroß. Abhängigkeit ist eine unreife Liebe.

Abhängigkeit beinhaltet ein Zusammenwirken

- aus gestörter Liebe und Selbstsucht,
- aus Hingabe und Hörigkeit,
- aus Zuwendung und Zwang,
- aus vereinnahmender Liebe und einem Nicht-Neinsagen-Können.

Zwang, Kontrolle und Eifersucht sind die menschlichen Fehlformen. Der Mensch ist unfrei. Er legt sich und andere in Fesseln, ist aber gleichzeitig ein Sklave der Zeit.

Die Informationsflut als Zeiträuber

Die Informationsflut, mit der wir heutzutage konfrontiert sind, ist gewaltig! Früher dienten Informationen der Wissenserweiterung. Menschen wollten ihre Probleme lösen. Heute werden wir wahllos von einem Meer von Informationen überschwemmt. Sinnvolles und Unsinniges, Interessantes und Belastendes – die Flut wird uns auf tausend Kanälen ins Haus, ins Gehirn und ins Herz gespült. Die Tageszeitung »Zeit« brachte einmal einen Leitartikel unter der Überschrift: *»Wir informieren uns zu Tode.«* Ein Soziologe wiederum hat unseren Informationsüberfluss so charakterisiert: *»Eine große Zeitung wie die ›Süddeutsche Zeitung‹ enthält heute mehr Informationen, als unsere Urgroßeltern ihr ganzes Leben bekommen haben.«*

Peter Hahne spricht in seinem Buch »Schluss mit lustig« von der *»Infotainment-Unkultur«* und kommentiert dann seine These, dass unsere Informationsgesellschaft an kulturellem Aids erkrankt sei. Wörtlich heißt es bei ihm: *»Unser Immunsystem wird mit der Flut hereinbrechender Informationen nicht mehr fertig. Sie kommen über uns, ohne dass wir uns wehren, dass wir sie eindämmen oder kontrollieren können (...). Sie haben keinen sichtbaren Nutzen mehr. Im Gegenteil. Sie schaffen häufig erst die Probleme und Ängste, die sie doch eigentlich abschaffen helfen sollten. (...) Wir brauchen wieder Nachrichten zum Nach-Richten. Informationen, die uns ›in Form‹ bringen, die den Menschen nicht uniform machen im Denken und Handeln, sondern lebenstüchtig und konkurrenzfähig, wie ein Fußballtrainer seine Mannschaft in Form bringt.«*[3]

Peter Hahne rechnet mit der Spaßgesellschaft ab, die nur auf

– Zerstreuung,
– Unterhaltung,

- Ablenkung
- und oberflächliche Orientierung

abfährt.

Wir brauchen keine wertlose Informationsflut! Wir brauchen Nachrichten, nach denen wir uns auch wirklich richten können. Wir brauchen ein Weltbild, das uns Halt vermittelt, ein Vertrauen, das uns ausrichtet und aufrichtet.

- Wir brauchen *Worte,* die helfen und heilen.
- Wir brauchen *Werte,* die unser Leben bestimmen.
- Wir brauchen *Weisheit,* die unseren Alltag bereichert.

Wer die Informationsflut über sich ergehen lässt, wird von der Flut aufgefressen. Der Informationsballast raubt Zeit und Kraft. Schon wer Positives von Negativem trennen will, wird erstickt. Nur wer fasten kann, wer den Informationsfluss an sich vorbeirauschen lässt, wird Zeit gewinnen und Ruhe finden.

Worte über die Zeit

Viele bekannte und weise Menschen haben sich Gedanken über die Zeit gemacht, in vielen Büchern und literarischen Werken kommen Aussprüche über die Zeit vor. Am Ende dieses Kapitels möchte ich einige davon zitieren, sozusagen als Denkanstoß.

»Je mehr einer arbeitet, desto mehr Zeit muss er sich für die Stille vor Gott nehmen.« *Martin Luther*

»Zeit ist nicht Schnellstraße zwischen Wiege und Bahre, sondern Platz zum Parken an der Sonne.« *Phil Bosmans*

»Beim Zug der Zeit zählen die Männer die Meilen, die Frauen die Haltestellen.« *Rock Hudson*

»Denkt ans fünfte Gebot: Schlagt eure Zeit nicht tot.« *Erich Kästner*

»Die Zeit ist ein guter Arzt, aber ein schlechter Kosmetiker.« *William Somerset Maugham*

»Die Zeit ist Gottes Art, Kredit zu geben.« *Ralf Boller*

»Die Zeit ist immer reif, es fragt sich nur wofür.« *François Mauriac*

»Geh mit der Zeit, aber komm von Zeit zu Zeit zurück.« *Stanislaus Jerzy Lee*

»Verbringe nicht die Zeit mit der Suche nach einem Hindernis. Vielleicht ist keins da.« *Franz Kafka*

»Wenn die Zeit kommt, in der man könnte, ist die vorüber, in der man kann.« *Marie von Ebner-Eschenbach*

»Wenn Zeit Geld ist, dann lebt jeder über seine Verhältnisse.« *Ludwig Fulda*

»Zeit haben nur diejenigen, die es zu nichts gebracht haben. Damit haben sie es weiter gebracht als alle anderen.« *Giovanni Guareschi*

»Findest du sie (die Weisheit), so hast du noch eine Zukunft und deine Hoffnung wird nicht zunichte.« *Sprüche 24, 14*

»Lehre uns unsere Tage zählen, dass wir ein weises Herz gewinnen.« *Psalm 90, 12*

»Der Mensch ist von Geburt an schwach und hilflos, sein Leben ist nur kurz, doch voller Unrast. Wie eine Blume blüht er und verwelkt. So wie ein Schatten ist er plötzlich fort. Und trotzdem lässt du ihn nicht aus den Augen.« *Hiob 14, 1*

KAPITEL 3

Persönlichkeitsstrukturen – ihr Umgang mit der Zeit

In Psychologie und Therapie werden gern vier Persönlichkeitsstrukturen verwandt. Fritz Riemann hat sie in seinem Buch »Grundformen der Angst« aus Sicht der Tiefenpsychologie genau beschrieben.[1] Er spricht von der schizoiden, der depressiven, der zwanghaften und der hysterischen Struktur.

Ich möchte diese vier Strukturen wie folgt beschreiben:

- die unabhängige Persönlichkeit,
- die abhängige Persönlichkeit
- die Ordnungspersönlichkeit,
- die umtriebige Persönlichkeit.

Alle Typisierungen sind anlagebedingt. Wissenschaftler gehen davon aus, dass 50 Prozent aller Anlagen und Verhaltensmuster erblich bedingt sind. Auf der anderen Seite werden sie zusätzlich durch Erziehung, Sozialisation und persönliche Erfahrungen geformt. Alle vier Charaktere haben ihr bestimmtes Verhältnis zur Zeit, denn jeder Mensch geht aufgrund seiner unterschiedlichen Charakterstruktur auch anders mit der Zeit um. Wer wissen will, was Menschen tun werden, muss herausfinden, was sie wirklich wollen. Das heißt, er muss die bewussten und unbewussten Ziele entdecken, die sein Streben kennzeichnen.

Der Unabhängige und seine Zeitprobleme

Der Begriff »unabhängig« macht schon deutlich, dass dieser Typus sich nicht von der Zeit manipulieren lassen will. Und selbstverständlich auch nicht von Menschen und ihren Forderungen.

- Er will selbst bestimmen.
- Er will frei sein in allen Entscheidungen.
- Er will dem Zeitdruck aus dem Weg gehen.

Weil diese Persönlichkeitsstruktur ein großes Freiheitsbedürfnis hat, muss sie andererseits selbst Verantwortung übernehmen, muss für alle Dinge selbst den Kopf hinhalten, muss viel Eigeninitiative entwickeln. Unter Umständen muss sie einiges an Isolation und Einsamkeit erdulden, weil sie andere Menschen verärgert und vor den Kopf stößt. Mit dem Selbstständigkeitsstreben kann ein hoher Ehrgeiz verbunden sein. Ehrgeiz wiederum ist ein starker Antrieb, der fast immer mit Stress, mit Überlastung und Zeitknappheit einhergeht.

Der Ehrgeizige lässt sich von der Zeit unter Druck setzen. Ihn stacheln seine versteckten Machtgelüste, sein Konkurrenzstreben und sein Überlegenheitsgefühl an und führen ihn dazu, von der Zeit beinahe aufgefressen zu werden.

In der Regel sind Unabhängige schlechte Teamarbeiter. Sie gehen einer Zusammenarbeit aus dem Weg und halsen sich auf diese Weise eine Menge Arbeit auf. Viele Unabhängige sind ihre eigenen Chefs, sie müssen häufig eine 50- bis 60-Stunden-Woche durchstehen.

Unabhängige zahlen einen hohen Preis. Sie können sich in der Regel mehr leisten als der Durchschnitt, aber ihr Arbeitseifer und ihr Arbeitstempo fordern ihren Tribut.

Selbstständige legen einen so großen Wert auf Unabhängigkeit und Freiheit, dass sie viele Nachteile in Kauf nehmen, die mit Zeitknappheit zu tun haben. Wer Unabhängigkeit leben und nicht unter Zeitdruck geraten will, der muss daher auf Eigenschaften verzichten, die für Selbstständige typisch sind.

Unabhängige haben den Vorteil,

- dass sie leichter Nein sagen können,
- dass sie sich weniger von Umständen und anderen Menschen beeinflussen lassen,
- dass sie ihre Interessen und Wünsche selbstbewusst und entschieden vertreten können,
- dass sie aufgrund ihrer inneren Stärke die Zeit am entschiedensten einzuteilen vermögen.

Fragen zur Selbstprüfung

- Gehören Sie eher zu den Unabhängigen und Selbstständigen oder zu den Menschen, die sich anlehnen, die klammern und starken Austausch brauchen?
- Wie viele Aufgaben und Pflichten haben Sie sich als Selbstständiger auf Ihre Schultern geladen?
- Was sind Ihre bewussten oder unbewussten Motive, eigenständig und unabhängig bzw. angepasst und abhängig zu sein?

Der Abhängige und seine Zeitprobleme

Der abhängige Mensch hat ganz andere Probleme und macht andere Lebenserfahrungen als der Unabhängige.

- Für ihn zählt das *Gegenüber.*
- Für ihn zählen die *Erwartungen,* die andere an ihn stellen.
- Für ihn zählen *Austausch* und Kommunikation.
- Für den Abhängigen ist die Zeitfrage nicht so entscheidend. Sein Kontakt und der Austausch mit anderen Menschen stehen für ihn im Vordergrund.

Der Abhängige ist so sehr auf Freunde und Mitmenschen angewiesen, dass er viel Zeit in Begegnungen investiert. Er will gebraucht werden, darin liegt seine Bestätigung. Allerdings ergeben sich daraus auch die für ihn typischen Konflikte.

- Er lässt sich *in Dienst stellen.*
- Er lässt sich *missbrauchen.*
- Er lässt sich *zum Opfer machen.*
- Er lässt sich *ausbeuten.*

Hinter der Hilfsbereitschaft, die diese Menschen ausstrahlen, steckt der tiefe Wunsch, geliebt zu werden.

Die amerikanische Autorin Robin Norwood hat vor Jahren ein Buch mit dem bezeichnenden Titel »Wenn Frauen zu sehr lieben« geschrieben. Sie schildert darin das Schicksal von leidenden Frauen, die ihre Zeit, ihr Leben und ihre Leidenschaft für andere einsetzen, nur um anerkannt und wiedergeliebt zu werden.

Im Abhängigen muss ein tiefer Selbstwertemangel angelegt sein und Minderwertigkeitsgefühle müssen sich eingenistet haben. Abhängige müssen das Gefühl haben, ernst genommen und geliebt zu werden. Dieser Mangel treibt sie ein Leben lang dazu an, sich für andere einzusetzen, zu dienen, sich aufzuopfern und somit in Abhängigkeit zu begeben. Viele geben ihr Eigenleben auf, verzichten auf eigene Wünsche und Bedürfnisse und lassen sich – im Extremfall – buchstäblich versklaven. Es ist offensichtlich, dass ihre Freiheit zutiefst eingeschränkt ist und dass sie nicht mehr über Freizeit verfügen.

Fragen zur Selbstprüfung

- Wie abhängig sind Sie von Menschen, von Eltern, Partnern, Kindern oder Freunden?
- Sind Sie der Helfertyp, der sich durch Fürsorge und übertriebene Verantwortlichkeit an Menschen bindet?
- Verschafft Ihnen Ihre Abhängigkeitsstruktur Zeitprobleme?
- Haben Sie den Eindruck, Sie müssen ihre Abhängigkeitsmuster korrigieren?

Die Ordnungspersönlichkeit und ihre Zeitprobleme

Ordnungsmenschen lieben alles, was geregelt, strukturiert und schematisch angelegt ist.

- Sie wollen ein *geregeltes Leben.*
- Sie bevorzugen *vertraute Gewohnheiten.*
- Sie lieben *Verlässlichkeit* und *Pünktlichkeit.*
- Sie denken konventionell und bewegen sich *in alten Gleisen.*

Der Zwang zur Ordnung verleiht diesen Menschen Sicherheit. Sie hassen Unzuverlässigkeit und Unordnung. Das Chaos erleben sie als Bedrohung. Ordnungsmenschen sind alles andere als Abenteuertypen. Ungewissheit ist für sie belastend. Unklarheit macht sie unruhig.

- Sie gehen kein Risiko ein.
- Sie gehen Unwegsamkeiten aus dem Weg.
- Sie hassen Fahrten, die ins Blaue führen.

Ordnungsmenschen wollen im Beruf, in der Partnerschaft und im Alltagsleben einen guten Überblick und Durchblick. Was nicht strukturiert ist, taugt in ihren Augen nicht und weckt nur ungute Gefühle. Darum haben viele Ordnungsmenschen den Beamtenberuf gewählt. Die Arbeit, die Arbeitszeit, die Pause, das Arbeitsende, die Pension – alles ist geregelt. Es bleiben nur wenig Fragen offen. Sie liefern eine solide Arbeit gewissenhaft und zuverlässig ab.

Leider sind viele Ordnungsmenschen

- *über*ordentlich,
- *über*genau,
- *über*sauber,
- *über*moralisch,
- *über*gewissenhaft,
- *über*gerecht.

Sie machen sich und anderen das Leben schwer. Oft werden sie als unangenehme Erbsenzähler gebrandmarkt. Ihre Umgebung erlebt sie oft als Besserwisser. Diese Eigenschaften lassen viele Ordnungsmenschen zu unangenehmen Zeitgenossen werden. Es sind Prinzipienreiter, die den hellen Tag dunkel machen können. Sie strahlen keine Freude und keine Gelassenheit aus und sind unzufrieden, weil vieles nicht so läuft, wie sie es sich vorgestellt haben.

- Sie schimpfen fortwährend über die Unvollkommenheit und Ungerechtigkeit der Welt.
- Sie müssen Überstunden machen, weil viele Mitmenschen schlampig arbeiten.

- Sie müssen sich ärgern, weil oberflächliche Mitbürger ihnen Formulare gleichgültig über den Tisch schieben.

Ordnungsmenschen können in der Regel die Zeit und das Leben nicht gelassen ertragen. Ihre Charakterstruktur legt es ihnen nahe, die Zeit und das Leben schwerzunehmen.

Fragen zur Selbstprüfung

- Wie weit erkennen Sie sich im Typus der Ordnungspersönlichkeit wieder?
- Gibt es bei Ihnen Verhaltensmuster, die ein normales Ordnungsverhalten übersteigen?
- Werden Sie von Angehörigen, Mitarbeitern oder Bekannten als Pedant, als überzogen pingelig und als Ordnungsfanatiker charakterisiert?
- Verschafft Ihnen diese Charaktereigenschaft Zeitprobleme?

Die umtriebige Persönlichkeit und ihre Zeitprobleme

Das Wort »umtriebig« und die damit verbundene Charakterisierung machen es schon deutlich: Die umtriebige Persönlichkeit hat von allen Typen wahrscheinlich die größten Zeitprobleme. Der umtriebige Mensch ist ein »Hans Dampf in allen Gassen«. Er muss ständig auf allen Hochzeiten tanzen, wie man so schön zu sagen pflegt.

- Er hat kein Sitzfleisch und muss *in Bewegung sein.*
- Er hat ständig das Gefühl, irgendetwas *zu verpassen.*
- Er hat das Bestreben, *mehrere Dinge gleichzeitig* zu tun.

- Er gerät in Hektik, weil der Tag zu *wenig Stunden* hat.
- Er kommt ständig zu spät, weil er *mehrere Aufgaben* in einem Arbeitsgang erledigen will.

Wenn der Umtriebige seiner Ruhelosigkeit mit teuren Terminplanern und komplizierten Kalendern begegnen will, ist das erfahrungsgemäß der falsche Weg. Terminplaner sind für die umtriebige Persönlichkeit reine Symptomkosmetik. Er arbeitet dadurch an Äußerlichkeiten, aber nicht an seiner Persönlichkeit.

Der Umtriebige hat ständig das Gefühl, zu kurz zu kommen. Das ist eines seiner Lebensprobleme. Vielleicht wurde er früher

- vernachlässigt,
- übersehen,
- in der Schule nicht geschätzt,
- in der Gemeinschaft missachtet,
- gehänselt und blamiert.

Das ist der Treibstoff für Unruhe, Aktivität und Kreativität. Vielleicht flieht er auch vor der inneren Leere.

- Ihm fehlt die innere Mitte.
- Ihm fehlt womöglich ein tieferer Sinn.
- Ihm fehlt vielleicht ein starkes Selbstwertgefühl.
- Ihm fehlt ein wirklicher Halt im Leben. Darum ist er ein ruheloser Wanderer und Abenteurer.

Umtriebige finden wir in allen Berufen.

Da gibt es den *Tüftler und Erfinder*. Tag und Nacht ist er mit neuen Projekten und Entwicklungen beschäftigt. Er muss sich beweisen, will etwas auf die Beine stellen und bastelt bis zum Umfallen.

Da gibt es den *Musiker und Komponisten*. Er brütet am laufenden Band neue Ideen aus. Er sprüht geradezu vor schöpferischer Kraft und produziert ein Musikstück nach dem anderen.

Da gibt es den *Abenteurer*. Kein Berg lässt ihn in Ruhe, jeden Gipfel muss er erklimmen.

Da ist der *Weltenbummler*, der alle Länder der Erde kennen lernen will. Kein Heiligtum, kein berühmtes Bauwerk bleibt unbesucht. Nirgendwo hält er es lange aus, die Unruhe zuckt in allen Gliedern.

Wie gesagt, dieser Persönlichkeitstyp kennt keine Muße. Er kennt keine Ruhe und keine wirkliche Gelassenheit. Ständig klagt er über die Zeit, die ihm fehlt. Er lebt in andauernder Hektik und Betriebsamkeit.

Fragen zur Selbstprüfung

- Gehören Sie auch zu den umtriebigen Menschen?
- Was glauben Sie, welche bewussten oder unbewussten Motive Sie zu dieser Ruhelosigkeit veranlassen?
- Leiden Sie unter Hektik und innerem Getriebensein?
- Welche konkreten Schritte wollen Sie praktizieren?
- Halten Sie es für notwendig, Ihren Lebensstil zu ändern, weil Ihnen diese Verhaltensmuster zu übertrieben erscheinen?

Die vier Persönlichkeitsstrukturen machen deutlich, dass jeder Mensch, der sich mit Zeitproblemen herumschlägt, an den Schritten zur Selbstheilung arbeiten muss, wenn er betroffen ist. Die Charakterstrukturen zeigen aber noch einmal, dass die *Zeitprobleme* im Grunde gar keine *Zeit*probleme sind, sondern Lebensstil- und Persönlichkeitsschwierigkeiten.

Allgemeine Tipps und Ratschläge zielen ins Leere, weil jeder Mensch von anderen Motiven umgetrieben wird.

- Jeder hört auf seinen *Lebensstil.*
- Jeder schwört auf seine *innersten Motive.*
- Jeder verfolgt andere *Wünsche und Ziele.*

Da aber Zeitdruck und Zeitknappheit durch verschiedene Motive hervorgerufen werden, sind Terminplanungen und Zeiteinteilungen ein weitgehend unzureichendes Mittel. Wer in seinem Leben etwas ändern will, muss seine bewussten und unbewussten Wünsche und Ziele ändern. Nur wer sein Verhaltens- und Einstellungsmuster korrigiert, korrigiert auch seinen Umgang mit der Zeit.

Wir alle kennen Ratschläge wie die folgenden:

- »Du solltest mehr schlafen!«
- »Du solltest mehr Zeit mit deinen Kindern verbringen!«
- »Du solltest mehr Zeit für deinen Partner aufbringen!«
- »Du solltest wieder mehr Kontakt zu deiner Gemeinde pflegen!«
- »Du solltest weniger arbeiten!«

Das sind nahezu nutzlose Appelle, weil sie die Hauptmotive, die unser Leben bestimmen, unberücksichtigt lassen. Wer tief in seinem Innern um seine fragwürdigen Motive weiß, kann auf »Du-sollst«-Ratschläge, »Du-musst«-Hinweise und »Tu-endlich-was«-Appelle verzichten. Sie machen nur ein schlechtes Gewissen, setzen aber keine Änderung in Gang.

Nur wer vor sich selbst, vor den Menschen und vor Gott bestimmte fragwürdige Motive erkennt, kann daran arbeiten und sie mit ins Gebet nehmen.

KAPITEL 4

Zeitdruck und Überverantwortlichkeit

Zeitdruck ist eine Frage an die Persönlichkeit. Bestimmte Menschen verstehen es meisterhaft, sich in Stress zu bringen und durch die Zeit zu hetzen.

- Wer sich überverantwortlich fühlt, hat keine Zeit.
- Wer überverantwortlich für andere Sorge trägt, kommt in Zeitnot.
- Wer überverantwortlich in der Tretmühle steckt, kennt keine Ruhe.

Leider lässt sich Überverantwortlichkeit nicht einfach abstreifen. Und Patentlösungen und Erfolgsrezepte, diese Einstellungsmuster loszuwerden, gibt es nicht.

Leben heißt verantwortlich sein

Das gilt für alle Bereiche des Lebens. Der Mensch ist das einzige Wesen, das für sein Tun zur Verantwortung gezogen werden kann. Aber als Agierender, nicht als Reagierender verändert er die Welt.

Leben heißt

- Aufgaben, die uns heute gestellt werden, zu erfüllen,
- sinnvoll sein Dasein zu gestalten,
- Verantwortung zu tragen, und zwar für mich und andere.

In dem Wort »Verantwortung« steckt das Wort »Antwort«. Mich trifft ein Wort und ruft mich zur Verantwortung. Das Urbild des Antwortgebens finden wir in der Bibel. Dort ruft Gott einen Menschen: *»Kain, wo ist dein Bruder Abel?«* Kain muss Antwort geben, Gott ruft ihn zur Verantwortung.

Verantwortung lebt und wirkt zwischen Personen. Das ist ihre positive Seite. Der Verantwortliche hat sich und den anderen im Auge. Er sieht, was notwendig ist. Kritisch wird es dann, wenn der Mensch *über*verantwortlich lebt. Er übertreibt, das wird in dem kleinen Wörtchen »über« deutlich. Er tut mehr als das, was notwendig ist.

Lisa verhält sich überverantwortlich

Was aber genau ist Überverantwortlichkeit? Das Wort deutet es schon an: Ein Mensch übertreibt seine Verantwortlichkeit. Er kümmert sich um Dinge, die er besser anderen überlassen sollte. Mit Überverantwortlichkeit macht sich beispielsweise ein Partner vom anderen abhängig.

Da ist eine junge Frau, nennen wir sie Lisa. Sie wurde von Kindheit und Jugendzeit an von ihren Eltern unbewusst zurückgestellt. Sie hat noch einen jüngeren Bruder, der Augenstern der Eltern. Er wurde gehätschelt, ständig vorgezogen und in den Mittelpunkt gestellt. Lisa absolvierte eine Schneiderinnenlehre, blieb danach aber trotzdem zu Hause wohnen. Die Mutter hatte einen Bandscheibenvorfall, durfte nicht mehr schwer tragen und musste auf alle Dienste verzichten, die mit Lasten zu tun hatten. Der Sohn machte das Abitur und durfte studieren. Im Haushalt und im Garten musste er nicht mitarbeiten. Alle Arbeiten blieben an der jüngeren Schwester hängen. Lisa lernte, sich durch Hilfsbereitschaft, durch Dienen und Überverantwortlichkeit beliebt zu machen. Sie kaufte ein und nahm der

Mutter alle Arbeit ab. Sie putzte die Zimmer, saugte Staub, kochte und übernahm die gesamte Gartenarbeit. Lisa war von früh bis spät auf den Beinen, ihr blieb kaum Zeit, sich zu erholen. Ihre Eltern waren dankbar, eine solch fleißige, verantwortliche und zuverlässige Tochter zu haben.

Inzwischen war Lisa 25 Jahre alt geworden. Von der Welt und dem Leben hatte sie wenig gesehen. Aus Zeitgründen hatte sie keine beste Freundin. Weil es den Eltern finanziell schlecht ging und der Sohn studieren sollte, musste sie einen Aushilfsjob im Supermarkt annehmen. Das schränkte die Zeit zur persönlichen Erholung noch mehr ein. Dann, ein Jahr später, lernte sie einen jungen Mann kennen. Lars wohnte in der Nachbarschaft und kaufte im Supermarkt immer sein Bier ein. Schnell hatte er die überverantwortliche Lisa schätzen gelernt. Nach einigen Monaten verlobten die beiden sich und am Ende des Jahres beschloss das junge Paar zu heiraten.

Wie sich später herausstellte, waren Lisas Schwiegereltern froh, ihren bequemen und faulen Sohn loszuwerden. Er war arbeitslos und lag seinen Eltern nur auf der Tasche. Als einziges Kind war er es gewohnt, versorgt, betreut, verwöhnt und bedient zu werden. Seine Eltern finanzierten sogar eine Wohnung für die beiden und hofften, dass die fleißige Lisa den Lebensunterhalt für die beiden aufbringen würde.

Was verdeutlicht das Beispiel?

Überverantwortlichkeit ist ein Lebensstilmuster, das von außen betrachtet dem Träger gute Noten einbringt. Der Überverantwortliche

- ist alles andere als oberflächlich,
- ist fürsorglich und hat ein Auge für soziale Nöte,
- ist hilfsbereit und lässt sich nicht zweimal bitten,
- ist glücklich, wenn er gebraucht wird.

Lisa hat sich bei ihren Eltern beliebt gemacht. Sie hat Berufswünsche, Wünsche nach intensiven Freundschaften, Wünsche nach besonderen Reisen und vieles andere mehr zurückgestellt. Sie hat verzichtet, ihre Eltern und der jüngere Bruder gingen immer vor. Als sie Lars trifft, ist sie glücklich, einen Menschen kennenzulernen, den sie noch zusätzlich lieben und versorgen kann.

- Ihre Ansprüche sind klein.
- Ihre Erwartungen sind gering.
- Ihr Übereifer ist groß.

Und so nimmt die Beziehungskatastrophe ihren Lauf. Lars entpuppt sich als fauler Genießer. Er will versorgt und betreut werden. Er hat zwar mal Bürokaufmann gelernt und mit Ach und Krach die Prüfung bestanden, aber er denkt gar nicht daran, sich ernsthaft um Arbeit zu bemühen. In seinem bisherigen Leben hat er sich auch immer gekonnt gedrückt. Geschickt kann er anderen vermitteln, dass er unfähig ist, seinen Lebensanteil zu leisten.

Lisa hat Angst vor ihm, weil er ihr schon einige Male seine körperliche Überlegenheit gezeigt hat. Die junge Frau hat im Supermarkt inzwischen eine volle Arbeitsstelle erhalten, versorgt aber morgens und abends vor und nach der Arbeit noch weiterhin ihre kranken Eltern, die 100 Meter von ihrer Wohnung entfernt leben.

Lisa ist in einem Jahr abgemagert, sie wiegt keine 50 Kilo mehr. Mit ihrem Leben und ihrem Schicksal ist sie völlig unzufrieden. Als sie als junge Ehefrau allein zu mir in die Beratung kommt, hängen ihre Haare zerzaust herab und sie macht einen unglücklichen, gestressten Eindruck. Für eine durchgreifende Hilfe ist es zu spät. Ihr Mann ist nicht bereit, sich einem Ehegespräch zu stellen. Ihre Eltern wittern eine große Chance, ihre Tochter wieder als überverantwortliche Tochter zurückzugewinnen. Sie reden ihr zu, ihren Mann zu verlassen, und unterstützen eine Scheidung.

Nach zwei Jahren wird die Scheidung ausgesprochen. Lars ist todunglücklich, denn er kommt vom Regen in die Traufe, wie der Volksmund es ausdrückt.

Der Lebensstil des Überverantwortlichen

Schauen wir uns einige Fehler des Überverantwortlichen an.

1. Er macht sich und anderen etwas vor

Häufig sind überverantwortliche Menschen nicht ganz aufrichtig. Aus ihrem Blickwinkel nehmen sie sich und andere unterschiedlich wahr. Vieles sehen sie rosarot oder grau getrübt. Überverantwortliche

- verharmlosen,
- beschönigen,
- machen sich selbst wertlos,
- schmeicheln oder hofieren andere.

Der Überverantwortliche hält sich selbst für unentbehrlich. Er glaubt, dass ohne ihn nichts läuft.

2. Er spielt den »Strahletyp«

Konflikte werden beim Überverantwortlichen auf der ganzen Linie kleingeschrieben. Überverantwortliche sind häufig »Strahletypen«. Sie wollen freundlich erscheinen und verstecken so ihre Verspannung. Ihr oberstes Ziel ist Harmonie. Sie möchten mit allen Menschen in Frieden und Freundschaft leben – und das ist schwer!

Albert Ellis, der Begründer der rational-emotiven Therapie, formulierte einmal den Lebensirrtum Nummer eins: *»Der Mensch, der allen Mitmenschen gefallen will, sitzt zwischen allen Stühlen.«*

Der Überverantwortliche, der gut angesehen sein will, ist *gefallsüchtig*. Und das ist eine schwere Störung.

3. Er macht sich klein

Der Überverantwortliche will wahrgenommen und geachtet werden. Seine Mitmenschen sollen positiv über ihn reden, von daher neigt er zur Übertreibung. Er macht sich klein. Seine Bedeutungslosigkeit macht er in Sätzen deutlich wie:

- »Ach, das ist doch nur eine Kleinigkeit, kaum der Rede wert!«
- »Den Anzug trage ich schon fünf Jahre. Aber er sieht noch gut aus!«

Jede Untertreibung ist eigentlich auch eine Übertreibung. Wer sich klein macht, denkt im Grunde genommen groß von sich.

4. Er kann nicht Nein sagen

Überverantwortliche verfolgen ein Ziel:

- Sie wollen beachtet werden.
- Sie wollen geliebt werden.
- Sie wollen es allen recht machen.

Diese Einstellung überfordert sie. Sie können nicht Nein sagen. Ihnen gelingt es nicht, dem Stress und dem Zeitdruck zu entfliehen. Sie sind immer im Dienst, finden immer ein Opfer und müssen sich nützlich machen.

Der Körper redet, wenn wir uns überfordern

Wenn uns weder Stress noch Zeitdruck belasten, dann befinden sich Leib, Seele und Geist in einem Gleichgewicht. Überverantwortung legt sich wie eine Belastung auf den Organismus. Der Druck kann alle Organe betreffen. Herz, Magen, das Nervensystem und der Blutkreislauf können überfordert werden.

- Die Brust zieht sich zusammen.
- Die Schultern heben sich.
- Der Atem geht flacher.
- Der Kopf wird nach vorn gestreckt.
- Der Nacken verspannt sich.

Bereits in den Psalmen der Bibel werden uns psychosomatische Beschwerden geschildert. Sie sind also keine Entdeckung der Neuzeit. *»Freuen darf sich jeder, dem die Schuld vom Herrn nicht angerechnet wird und dessen Leben frei von Falschheit (Selbstbetrug) ist. Herr, erst wollte ich meine Schuld verschweigen, doch davon wurde ich so krank, dass ich von früh bis spät nur stöhnen konnte.« (Psalm 38, 2+3)*

In Psalm 38 werden auch Schuld und Krankheit in Verbindung gebracht.

- »An meinem Körper ist nichts Heiles mehr zu sehen.«
- »Keines von meinen Gliedern ist gesund.«
- »Gebeugt vor Schmerzen, zerschlagen und voll Kummer schleppe ich mich von einem Tag zum anderen.«

Wer Überverantwortung praktiziert und keine Grenze zieht, dem setzt sein Körper Grenzen. Verantwortung ist gut und hilfreich, Überverantwortung dagegen egoistisch und selbstherrlich.

Die Katze als Vorbild

Überverantwortliche stressen sich durch ein *Zuviel*. Weil sie gefallen wollen, geraten sie in Zeitdruck. Sie überfordern sich, sind von Kopf bis Fuß verspannt und denken zu wenig an ihre Bedürfnisse. Fortwährend haben sie den Nächsten im Auge. Sie denken, planen und handeln für ihn. Die Folge: Der andere wird entmündigt, während der Überverantwortliche selbst überarbeitet ist.

Die Katze ist ein Musterbeispiel für ein Geschöpf, das seine eigenen Bedürfnisse im Auge hat. Was tut sie?

- Sie frisst, wenn sie Hunger hat.
- Sie schläft, wenn sie müde ist.
- Sie schnurrt, wenn sie gestreichelt werden will.
- Sie geht weg, wenn sie befriedigt ist.

Eine Katze ist nie überverantwortlich.

Nicht alle werden begeistert sein, wenn der Überverantwortliche seinen Lebensstil ändert. Partner, Eltern, Kinder, Nachbarn, Arbeitskollegen und leitende Mitarbeiter in Gemeinden und Vereinen sind vermutlich traurig und enttäuscht, wenn der Überverantwortliche kürzertritt, seine Bedürfnisse wahrnimmt und anderen Menschen nicht länger seine Dienste überstülpt.

Aber der Betroffene hat verstanden, dass Überverantwortlichkeit etwas mit Scheinheiligkeit zu tun hat. Er hat verstanden, dass sich in der Überverantwortlichkeit eine große Portion Egoismus versteckt.

KAPITEL 5

Wie denken Physiker über die Zeit?

Es fing alles harmlos an. Vor rund 300 Jahren war die Welt noch in Ordnung. Damals lebte der englische Physiker Isaac Newton und machte sich Gedanken über die Zeit. 1687 schrieb er: »Die absolute, wahre und mathematische Zeit verfließt gleichförmig und ohne Beziehung auf irgendeinen äußeren Gegenstand.«

Das heißt: Sie können ihre Armbanduhr nach der Kirchturmuhr einstellen. Die Zeiger beider Uhren wandern gleich schnell weiter. Dabei ist es uninteressant, wo der Mensch mit der Armbanduhr steht und wo sich die Kirchturmuhr befindet.

Etwa 250 Jahre lang waren Physiker und andere Wissenschaftler der Meinung, der gute Isaac Newton hätte recht …

Dann aber, im 19. Jahrhundert, wurde Albert Einstein geboren. Er entdeckte 1905 die sogenannte Relativitätstheorie. Sie besagt, dass sich die Zeit verändern kann, und zwar bei schnellen Reisen. Denn die Zeit hängt von der Geschwindigkeit ab.

Die Physiker verdeutlichen dies gern an einer Geschichte: Es war einmal ein Zwillingspaar, Ernst und Ernestine. Ernestine begab sich auf eine Tagesreise durch den Weltraum. Frühmorgens bestieg sie ihre Rakete, die fast so schnell wie das Licht fliegen konnte. Ernst wartete unterdessen auf der Erde. Als die Reisende nach einigen Stunden zurückkam, bemerkte sie zu ihrem großen Erstaunen, dass ihr Zwillingsbruder, der ja zurückgeblieben war, Falten im

Gesicht und graue Haare hatte: Für ihn waren viele Jahre vergangen. Ernestine, die am selben Tag zur Welt gekommen war wie Ernst, war nun um viele Jahre jünger als ihr Bruder – aus dem Grund, weil sie so schnell durch den Weltenraum geflogen war.

Was steckt dahinter?

Ernestine lebte während ihres Raumfluges in einem eigenen physikalischen Bezugssystem, nämlich dem beschleunigten Raumschiff mit seiner eigenen Zeit. Als sie landete, betrat sie wieder das Bezugssystem ihres Bruders Ernst und kam damit auch in dessen Zeit, die viel schneller abgelaufen war.

Wie kann man sich dieses »Märchen« erklären?

Im Oktober 1971 startete ein Jumbojet vom Flughafen in Washington zu einer zweimaligen Erdumkreisung. Vorher hatten die beiden amerikanischen Physiker Joseph Hofele und Richard Keating vier hochpräzise und unbestechliche Atomuhren an Bord verstaut. Auf dem Boden blieben zum Vergleich weitere Atomuhren. Als das Flugzeug wieder landete, gab es erstaunte Gesichter. Die Wissenschaftler waren in der Tat überrascht, denn sie mussten feststellen, dass die beschleunigten Uhren im Flugzeug tatsächlich um 300 Milliardstelsekunden nachgingen. Obwohl diese Zeitspanne nur sehr kurz war, entsprach sie genau der Theorie Albert Einsteins.

Die Wissenschaftler sagen, dass diese winzige Zeitspanne ausreiche, dass sich Schiffe, die von Satelliten gesteuert werden, um einige Kilometer verfahren würden, wenn die Zeitunterschiede nicht berücksichtigt würden.

Die Lichtgeschwindigkeit bleibt immer gleich. Das ist die Grundlage der Relativitätstheorie. Sie geht davon aus, dass sich das Licht immer mit der gleichen Geschwindigkeit ausbreitet. Auch im luftleeren Raum bleiben es 300 000 Kilometer pro Sekunde. Ist der Raum gekrümmt, muss sich das Licht mitkrümmen. Ob es eine Innenkurve zurücklegt oder eine Außenkurve, die Geschwindigkeit bleibt immer die gleiche. Zeit und Raum sind also untrennbar miteinander verbunden. Aber das Licht muss sich auf die Krümmungen einstellen, denn wo solche Krümmungen im Weltall vorhanden sind, braucht es länger.

Etwa zur selben Zeit, als Einstein lebte und lehrte, untersuchten zwei deutsche Forscher, nämlich Nils Bohr und Werner Heisenberg, die winzigen Atome. Um 1930 entdeckten sie die sogenannte »Quantenmechanik«. Elektronen kreisen um den Atomkern aus Neutronen und Protonen. Allerdings: Wo sich zum Beispiel ein Elektron auf der Umlaufbahn um den Kern befindet, das kann man nicht genau sagen.

Die Physiker arbeiten mit dem alten Zeitbegriff Newtons. Aber genau da sitzt das Problem. Die Quantenmechanik lässt sich mit alten Zeitbegriffen nicht lösen. Und so stehen heute zwei Modelle im Raum, über die sich die Physiker streiten: die Relativitätstheorie von Einstein und die Quantenmechanik von Bohr und Heisenberg. Weltweit suchen die Physiker nach einer gemeinsamen Form, um die beiden Theorien miteinander zu verbinden. Ihre Frage lautet: »Wie kann man also die alte Newton'sche Zeit und die Einstein'sche Zeit miteinander koordinieren?«

Forscher der Gegenwart warfen die beiden Theorien in einen Topf und versuchten auf diese Weise eine Lösung zu finden. Aber sie erlebten etwas höchst Überraschendes:

- Die Zeit verschwindet.
- Die Zeit verflüchtigt sich.
- Die Zeit spielt keine Rolle mehr.

Ein deutscher Physiker namens Kiefer behauptet: *»Die Gleichungen enthalten überhaupt keine Zeit mehr.«*

Das heißt also: Wenn eine neue Weltformel gefunden ist, gibt es keine Zeit mehr. Für die Wissenschaftler gibt es keinen Anfang für das Universum. Man sollte es nicht für möglich halten, aber sie glauben in der Tat an ein »zeitloses Ding«.

- Das Universum ist einfach da.
- Das Universum ist ein zeitloses Ding.
- Vor dem Urknall, von dem viele Wissenschaftler reden, gab es keine Zeit.

Die Wissenschaftler werden immer weiter suchen. Für Christen aber gilt in Bezug auf Zeit:

- Wir leben in der Zeit, die Gott uns geschenkt hat.
- Wir rechnen mit der Zeit, die unser Leben bestimmt.
- Wir entscheiden, wie wir die Zeit nutzen und verbringen.
- Wir haben es in der Hand, die Zeit sinnvoll zu gestalten oder sie schicksalhaft zu erdulden.

KAPITEL 6

Die Uhrzeit und die Ereigniszeit

Wir leben in einer Welt der Uhrzeit. Sie beherrscht unser gesamtes Leben. Alles richtet sich nach der Zeit, die in Stunden, Minuten und Sekunden eingeteilt ist. Beim Hochleistungssport geht es sogar um Zehntel-, Hundertstel- oder Tausendstelsekunden, und – wie wir gesehen haben – auch auf bestimmten Wissenschaftsgebieten.

- Je höher die Kultur, desto schneller der Lebensrhythmus.
- Je fortgeschrittener die Zivilisation, desto hektischer das Leben.
- Je höher der Lebensstandard, desto zeitintensiver leben die Menschen.

In der westlichen Welt diktiert die Uhr das Leben.

- Auf die Minute genau beginnt die Arbeit im Betrieb.
- Auf die Minute genau werden in der Autofabrik die Bänder abgestellt.
- Auf die Minute genau funktionieren die automatischen Maschinen in Hoch- und Tiefgaragen, wenn Kunden einen Mietplatz buchen.
- Auf die Minute genau gehen die öffentlichen Uhren, damit die Menschen pünktlich ihre Arbeitsplätze erreichen.

Der Zeitmesser ist notwendig,

- um Arzttermine einzuhalten,
- um Busse und Bahnen zu erreichen,
- um Besprechungen pünktlich abzuhalten,
- um Unterricht pünktlich zu beginnen,
- um Fernsehsendungen fristgerecht auszustrahlen.

In anderen Kontinenten gehen die Uhren anders

In Afrika oder Asien gibt es selbstverständlich auch Uhren, aber viele Völker, Stämme und Sippen führen ein ganz anderes Leben.

- Sie leben stressfreier.
- Sie leben ruhiger und passiver.
- Sie werden nicht von der Uhr bestimmt.
- Sie praktizieren eine gesunde Zeiteinteilung.

Es ist schon einige Jahrzehnte her, da war ich mit einer Reisegruppe des CVJM auf einer Freizeit im ehemaligen Jugoslawien. Am Rand eines Dorfes waren wir in festen Quartieren untergebracht, aber waschen mussten wir uns in einem turmartigen Gebäude, das von zwei Seiten über Treppen zu erreichen war. Die Treppen waren aus Stahl und hallten durch das Gebäude, wenn Personen auf ihnen hoch- und runterstiegen. Mir ist unvergesslich, dass ich am Tempo der Schritte genau feststellen konnte, ob ein Teilnehmer unserer Reisegruppe oder aber ein Jugoslawe die Stufen benutzte. Unsere Teilnehmer stürmten die Stufen hinauf, während die Einheimischen eher langsam und bedächtig gingen. Sie praktizierten mehr Ruhe und Gelassenheit. Sie nahmen sich in der Tat mehr Zeit als die Deutschen.

Was ist die Ereigniszeit?

Wie es einem Wissenschaftler ergehen kann, der eine Forschungsreise um die Welt unternimmt, beschreibt der Amerikaner Robert Levine in einem seiner Bücher: *»Die Reise begann mit einem langen Flug von San Francisco nach Tokio. Ich richtete mich für den langen Flug ein und überlegte, was ich jetzt machen sollte. Mein erster Gedanke war, dass ich keine Schlüssel in der Tasche hatte. Der nächste, dass ich statt eines Terminkalenders zum ersten Mal in meinem Leben eine Zeitschrift mit mir herumtrug. Dann wurde mir bewusst, dass ich keine Verpflichtungen hatte. Ich musste nichts erledigen, außer meinen sehr flexibel angelegten Forschungen. Ich musste ganze sechs Monate lang nie zu einer festgelegten Zeit an einem festgelegten Ort sein. Kein Zeitplan würde mir irgendwie in die Quere kommen. Ich konnte die Gelegenheiten auf mich zukommen lassen und die auswählen, die mir interessant erschienen. Ich war frei, frei, frei!*

Meine Freude hielt eine halbe Minute an. Dann kam die Angst. Was, um alles in der Welt, würde ich ein ganzes Semester ohne einen Zeitplan anfangen? Ich blickte in die Zukunft und sah ein einziges großes Nichts vor mir.«[1]

So ergeht es einem Uhrzeitmenschen,

- der pausenlos nach der Uhr lebt,
- der von Terminen und Abmachungen abhängig ist,
- der strukturierte Kalendertage benutzt,
- der mit Angst- und Panikattacken reagiert, weil er ein halbes Jahr seine Zeit flexibel und unkontrolliert einteilen darf.

Levine schildert im Weiteren amüsant und selbstkritisch, wie er sich – ohne Kontrolle – feste Badezeiten, feste Essenszeiten und konkrete Aufenthaltsorte vorgibt, die mit bestimmten Uhrzeiten übereinstimmen.

- Er benutzt die Uhr.
- Er kann ohne die Uhr nicht leben.

Bei ihm liest sich das so: »*Wenn ich auf diese Wochen zurückblicke, denke ich, dass man die Uhr nach mir hätte stellen können. ›Wie spät ist es? Er liest ein Buch im Park, also muss es zehn Uhr sein.‹ – ›Jetzt steigt er aus der Wanne, es ist also kurz nach acht.‹ Ohne es zu wollen, hatte ich mir die Struktur geschaffen, nach der ich mich auf dem Flug gesehnt hatte.*«

Es sei eine große Überraschung und zugleich eine demütigende Enttäuschung gewesen, dass er sich einen so engen Zeitplan schaffen musste, um zu überleben. Er selbst sei ein ausgezeichnetes Paradebeispiel dafür, wie man zwischen den Kräften der Uhrzeit und der Ereigniszeit zerrieben werden kann. Wer nach der Uhrzeit lebt, setzt Beginn und Ende von Aktivitäten genauestens fest. Wer nach der *Ereigniszeit* lebt, wie viele Bewohner in der asiatischen oder afrikanischen Welt, der

- lebt mit sich und seinen Möglichkeiten im Frieden,
- benötigt Zeit für Aktivitäten, die seinem Tempo entsprechen,
- genehmigt sich Arbeitseinsätze, die mit dem Energiehaushalt des Betroffenen übereinstimmen,
- trifft Absprachen und Vereinbarungen, die beendet werden, wenn das besprochene Projekt ausgehandelt und ausdiskutiert wurde.

Mit anderen Worten: Die Ereigniszeit hat ein vollkommen anderes Gepräge als die Uhrzeit.

- Die Menschen *handeln* anders.
- Die Menschen *denken* anders.
- Die Menschen *leben* anders.

Es ist keine Frage, dass man in verschiedenen Ländern die *Ereigniszeit* zur Lebensphilosophie erhoben hat. In Mexiko kennt man den Ausdruck »Der Zeit Zeit geben.« In Afrika sagt man, dass »auch die Zeit Zeit braucht«. Und wer in Afrika schnell läuft, wer es eilig hat, dem wird immer wieder nachgerufen: »Lass dir Zeit!«

Die Menschen, die mit der Uhrzeit aufgewachsen sind, können seelisch und körperlich in große Schwierigkeiten kommen, wenn sie mit den Gewohnheiten der *Ereigniszeit* konfrontiert werden.

Menschen, die in der Ereigniszeit leben,

- praktizieren eine persönliche Kontrolle der Zeit,
- kommen und gehen, wie sie wollen und wie sie sich fühlen arbeiten,
- haben kein Gefühl für Arbeit und gehen oft auch nicht arbeiten,
- lassen sich mehr vom Verhalten als von der Uhr bestimmen,
- beenden Dinge, wenn die Menschen gehen, und nicht, wenn die Uhr das Arbeitsende anzeigt.

Afrikaner, die in Dörfern leben, verabreden nicht Termine, die auf der Uhr angegeben werden, sondern sagen vielleicht: »Wir treffen uns morgen früh, wenn die Kühe auf die Weide gehen.« Wird ein Treffen schon früh für den Morgen vereinbart, nennt keiner eine Uhrzeit. Man sagt stattdessen vielleicht: »Wir treffen uns beim ersten Licht des Morgens.« Oder: »Wir treffen uns, wenn der Hahn kräht.«

Für einen Uhrzeitmenschen, der mit Minuten rechnet, sind solche flexiblen Abmachungen nervtötend. Er kann mit solchen schwammigen und unzuverlässigen Vereinbarungen nicht leben. Aber die Menschen in Afrika haben sich daran gewöhnt. Sie können warten und erleben das

Warten nicht als »verlorene Zeit«. Sie verstehen Wartezeiten als Ruhezeiten.

Wenn nach der Uhr gegessen wird

Uhrzeitmenschen in Europa und Nordamerika essen auch weitgehend nach der Uhr.

- 8.00 Uhr ist Frühstückszeit.
- 12.00 Uhr ist Mittagszeit.
- 16.00 Uhr ist Kaffeezeit.
- 19.00 Uhr ist Abendbrotzeit.

Sozialpsychologen in Amerika haben intensive Studien über normalgewichtige und übergewichtige Menschen gemacht. Sie stellten dabei fest, dass normalgewichtige Menschen stärker auf ihre Hungergefühle achten, während Übergewichtige stärker von äußeren Reizen gesteuert werden. Und, so stellten die Forscher fest, ist in der Tat die Uhr ein mächtiger, extremer äußerer Reiz.

Studenten einer Universität wurden in einen Raum geführt, in dem die Uhren so manipuliert waren, dass viele Testpersonen glaubten, es sei früher als die gewohnte Abendessenszeit, während andere meinten, es sei später. Die Teilnehmer wurden aufgefordert, sich aus einer vor ihnen stehenden Schale mit Crackern zu bedienen. Die übergewichtigen Teilnehmer des Versuchs aßen mehr Cracker, wenn sie glaubten, es sei ihre Essenszeit, als wenn sie meinten, es sei noch Zeit bis dorthin. Sie aßen also, wenn die Uhr ihnen die Mahlzeiten anzeigte. Auf die Normalgewichtigen hatte die Uhr dagegen keinen Einfluss. Sie aßen Cracker, wenn sie hungrig waren. Wer abnehmen will, sollte einmal über diese Untersuchungen nachdenken.

Die Uhr diktiert, wenn es Zeit ist,

- zu essen,
- sich zu entspannen,
- müde zu werden,
- schlafen zu gehen,
- aufzustehen.

Kennen Sie die folgenden Sätze nicht auch?

- »Es ist noch viel zu früh, um schon ins Bett zu gehen.«
- »Die Uhr sagt mir, dass ich jetzt ein Nickerchen machen muss.«
- »Die Uhr schlägt, jetzt ist Essenszeit.«

Die Uhr, nicht die Signale, die unser Körper aussendet, diktiert uns, was zu tun und was zu lassen ist. Von daher muss selbst das kleine Baby völlig umlernen. Es interessiert nicht mehr, wann es hungrig und wann es müde ist. Das Baby wird umprogrammiert und muss sich an unsere Zeiteinteilung gewöhnen. Es hat müde zu sein, wenn unsere Uhr es will. Es hat Hunger zu haben, wenn unsere Uhr es anzeigt.

Ist Zeit Geld?

Zweifellos wird in Ländern, wo die Uhr herrscht, die Zeit zum wertvollsten Gut. Die Uhrzeitkulturen betrachten die Zeit als feste, messbare Realität. Ihnen gilt das Motto:

- »Zeit ist Geld.«
- »Zeit ist teuer.«
- »Zeit ist kostbar.«

In Ereigniszeitkulturen sieht die Zeit dagegen anders aus. Wenn europäische oder amerikanische Touristen zum Beispiel vor dem eindrucksvollen Bauwerk des Tadsch Mahal stehen, stellen sie Fragen, die die Bewohner des Landes völlig verwundert vernehmen:

- »Wie lange haben die Arbeiter an dem Werk gebaut?«
- »Wann genau wurde mit dem Bau begonnen?«

Die meisten Gesellschaften haben eine Art Woche, aber sie ist nicht immer – wie bei uns – sieben Tage lang. Die Inka hatten eine Zehntagewoche, die Muysca, ein Nachbarstamm, hatten wiederum eine Dreitagewoche. Manche Wochen sind sogar 16 Tage lang.

Was ist für die Wochenlänge typisch? Nicht der Kalender und auch nicht die Uhr.

Typisch sind die Tätigkeiten, die in einem bestimmten Zeitraum abgewickelt werden sollen. Typisch sind bestimmte Märkte, die eben eine Woche dauern. Aber diese Wochen können verschieden lang sein.

In arabischen Kulturen rund um das Mittelmeer kennt man nur drei Zeitabschnitte:

- Gar keine Zeit.
- Jetzt.
- Ewig.

Wenn der Arbeiter »Jetzt« sagt, kann dieser Zeitabschnitt durchaus variieren.

Die Uhr in den Uhrzeitkulturen ist natürlich eine große Hilfe. Sie hilft dabei, den Verkehr, das Zusammenleben der Menschen, Arbeitsprozesse und Absprachen präzise zu regeln. Gleichzeitig aber ist die Uhr auch ein Diktator und Sklavenantreiber. Sie fordert und treibt den

Menschen, der sich nicht bewusst Freiräume schafft, in die Hektik.

Unser Organismus wird von Rhythmen bestimmt

Stress, Reizüberflutung, zu seltene Pausen, unregelmäßige Essens- und Schlafgewohnheiten bringen unsere inneren Rhythmen durcheinander.

Wir reagieren mit Fehlerquoten und mit Unfällen, mit Burn-out und weiteren körperlichen und seelischen Krankheiten. Das ist der Preis für ein »unrhythmisches« Leben.

Wollen wir uns gesund erhalten, müssen wir dafür sorgen, dass zwischen den beiden Grundzuständen Entspannung und Spannung ein Gleichgewicht herrscht. Wenn die Rhythmen gestört sind, bedeutet das, dass der Organismus nicht in der Lage ist, mit Beanspruchungen fertigzuwerden.

Rhythmusstörer sind:

- *Überlange Sitzungen,* lange Autobahnfahrten und zu wenig entspannende Pausen.
- *Selbstüberforderungen* und Phasen von Müdigkeit, die mit Kaffee oder Aufputschmitteln bekämpft werden.
- *Reizüberflutungen,* überlanges und pausenloses Fernsehen, Computerspiele, stundenlanges Musikhören. Besonders Technomusik mit ihrem immer gleichen hämmernden Rhythmus ist problematisch.
- *Störungen des Schlafs,* ohne Ruhepausen am Tag.
- *Unregelmäßige* Lebensweise, Nacht- und Schichtarbeit.

Wenn der Körper beansprucht wird, sollten in einen Zeitraum von 90 Minuten 15 Minuten eingeplant werden, in denen der Mensch loslassen kann, wo er sich entspannt und Zeit zum Nachsinnen hat.

Wichtig ist auch, dass das Wochenende nicht dem »Freizeitstress« dient. Nicht wenige von uns praktizieren am Wochenende Freizeitaktivitäten, die in Wirklichkeit keine Erholung und Entspannung beinhalten.

»Die Rhythmen, die den Organismus kennzeichnen, wirken bis in die Zellchemie hinein. Stress, der nicht mehr abgebaut werden kann, beeinträchtigt das Immunsystem, indem er die Produktion von Killerzellen hemmt und die Produktion von freien Radikalen fördert, welche die Oxidationszellen, verkürzt gesagt: deren Alterung, beschleunigen.«[2]

Pausen in Firmen müssen nicht nur erlaubt oder geduldet sein, sie müssten eigentlich zur Pflicht erhoben werden, um Spannungen und Entspannungen im Menschen auszubalancieren. Kleine Pausen – vier- bis fünfmal im Laufe eines Achtstundentages – sind notwendig. Sie steigern die Motivation des Mitarbeiters, verringern eine Überforderung und steigern auf diese Weise die Produktivität des Unternehmens.

Wer sich weigert, die Rhythmen unseres Organismus anzuerkennen, wer die Rhythmen von Spannung und Entspannung nicht wahrhaben will, wer sich selbst überfordert, wer durch Ehrgeiz, Anerkennungsstreben und Überlastung seinen Körper schädigt, wird die Folgen spüren. Wer es lernt, Prioritäten im Leben zu setzen, wer sich Zeit gönnt und sich weniger einem Zeitdruck aussetzt, wird mehr Lebensqualität gewinnen.

Vom Wimpernschlag zur Ewigkeit[3]

Unter dieser Überschrift brachte der Wissenschaftler David Labrador in der Zeitschrift »Spektrum der Wissenschaft« eine Zusammenfassung der wichtigsten, heute üblichen Zeiteinteilungen. Wie lange die einzelnen Zeitschritte dauern, beschreiben Messmethoden, die mit dem Fortschritt in Wissenschaft und Technik immer kleiner bzw. immer größer werden.

Sekunde

Sie ist die Grundeinheit unserer Zeitmessung. Die Erde bewegt sich in einer Sekunde 30 Kilometer um die Sonne, während diese 274 Kilometer auf ihrer Bahn durch die Milchstraße zurücklegt. Ganze 1,3 Sekunden benötigt das Licht des Mondes, um zur Erde zu gelangen. Eine Stimmgabel mit dem Kammerton A schwingt 440-mal in der Sekunde. Und in den USA werden in dieser kurzen Zeit durchschnittlich 350 Stücke Pizza verzehrt.

Nanosekunde (eine Milliardstelsekunde)

In dieser Zeit legt ein Lichtstrahl im Vakuum 30 Zentimeter zurück. Der Mikroprozessor eines PCs braucht mittlerweile nur noch zwei bis vier Nanosekunden für das Addieren zweier Zahlen.

Mikrosekunde (eine Millionstelsekunde)

Der Lichtstrahl im Vakuum legt in dieser Zeit 300 Meter zurück. Das entspricht ungefähr der Länge von drei Fußballfeldern. Eine Schallwelle in der Luft hingegen kommt in dieser Zeit lediglich ein drittel Millimeter voran.

Millisekunde (eine Tausendstelsekunde)

Das ist die kürzeste Belichtungszeit eines normalen Fotoapparates. Eine Stubenfliege schlägt alle drei Millisekunden mit ihren Flügeln, eine Biene nur alle fünf Millisekunden. Der Mond braucht für seine Reise um die Erde jedes Jahr zwei Millisekunden länger, da sich der Durchmesser seiner Umlaufbahn langsam vergrößert.

Stunde

So lange benötigen lebende Zellen meist, um sich zu teilen. Das Licht vom Pluto, des sonnenfernsten Planeten, erreicht die Erde in fünf Stunden und 20 Minuten.

Tag

Für die meisten Lebewesen auf diesem Planeten ist die Dauer einer Erdumdrehung wohl die natürlichste Zeiteinheit. Tatsächlich dauert die Rotation genau 23 Stunden, 56 Minuten und 4,1 Sekunden. Sie verlangsamt sich allmählich, u.a. aufgrund der Anziehungskraft des Mondes und anderer Einflüsse. Pro Tag schlägt das menschliche Herz rund 100 000-mal und die Lungen atmen etwa 11 000 Liter Luft ein. In der gleichen Zeit nimmt ein junger Blauwal rund 100 Kilogramm zu.

Jahr

Die Erde dreht sich pro Jahr einmal um die Sonne und 365,26-mal um die eigene Achse. Der Meeresspiegel steigt zwischen 1 und 2,5 Millimeter, und Nordamerika entfernt sich rund drei Zentimeter von Europa. Das Licht von Proxima Zentauri, dem Stern, der unserer Sonne am nächsten ist, benötigt 4,3 Jahre bis zur Erde.

Jahrmillionen

Ein mit Lichtgeschwindigkeit reisendes Raumschiff hätte noch nicht einmal die Hälfte des Weges zur Andromeda-Galaxie zurückgelegt – sie ist nämlich 2,3 Millionen Lichtjahre entfernt. Die größten Sterne – blaue Superriesen, die Millionen Mal heller leuchten als unsere Sonne – brennen nach dieser Zeit aus. Infolge der Verschiebung von Erdkrustenplatten würde sich Los Angeles in einer Million Jahre rund 40 Kilometer nord-nordwestlich von seiner jetzigen Position befinden.

KAPITEL 7

Die Multioptionsgesellschaft

Das 21. Jahrhundert wird auch als die »Multioptionsgesellschaft« bezeichnet. Das Tempo wird immer schneller, die Wahlmöglichkeit immer größer, die Unübersichtlichkeit immer stärker – und die Unzufriedenheit wird immer verbreiteter.

Der Mensch will unzählige Optionen haben, das heißt

- unzählige Wahlmöglichkeiten,
- unzählige Entscheidungsmöglichkeiten,
- unzählige Spielräume des freien Willens.

Je größer aber die Mobilität – und die hat heute in der Tat kaum Grenzen – ist, desto mehr sitzen wir im Stau. Für Tempo und Schnelligkeit zahlen wir einen hohen Preis. Tempo und Schnelligkeit gaukeln uns Zeitersparnis vor, obwohl im Grunde genommen die Zeit immer knapper wird. Ein teuflisches Spiel!

Die Multioptionsgesellschaft ist eine Erlebnisgesellschaft.

Der Mensch will Events haben, will tausend Ansprüche befriedigt bekommen, will die Fülle der Erlebnismöglichkeiten ausschöpfen. Der Sinn des Lebens besteht für viele darin, das Letzte aus allen angebotenen Möglichkeiten herauszuholen. Unsere Tempogesellschaft spart immer mehr Zeit, aber wir haben immer weniger Ruhe und Muße. Der Nachtschlaf der Europäer hat sich in den letzten Jahren ständig verschlechtert. Die Wahlmöglichkeiten sind ins Unermessliche gestiegen, aber die Zufriedenheit ist ständig abgesunken. Viele Menschen plagt bei der Vielfalt der Optionen die Angst, etwas zu versäumen. Sie quält die Angst, die wunderbaren Optionen nicht alle auskosten zu können.

Wie schrieb Till Bastian: »*Ein Teufelskreis tut sich auf: Wohin immer der Hase (unsere Wünsche) laufen mag, der Igel (die Angst, das Beste versäumt zu haben und passiv neben dem ›eigentlichen‹ Leben zu stehen) ist immer schon da. Das Streben, uns die Optionen auf Wohlstand und Glück zu sichern, vergrößert noch die Unzufriedenheit.*«[1]

Die Sucht, tausend Wahlmöglichkeiten zu haben, beinhaltet eine Flucht vor Nähe, Flucht vor Verbindlichkeit und Flucht vor tiefen, innigen Beziehungen. Logisch, denn tausend Wahlmöglichkeiten lassen immer und überall eine Tür offen.

Noch einmal Till Bastian: »*Dazu passt, dass einerseits die Zahl der Sexualkontakte, vor allem in ›stabilen Beziehungen‹, abgenommen hat, während andererseits die Häufigkeit der Masturbation (lt. Woody Allen ›Sex mit dem Menschen, den ich am liebsten habe …‹) drastisch zunimmt. Kein Wunder – diese Spielart der Sexualität funktioniert (fast) immer, und die lästige Notwendigkeit, sich mit einem Mitmenschen zu verständigen, entfällt von vornherein.*«[2]

Unterwegs sein

Es gibt Menschen, die müssen pausenlos unterwegs sein. Sind sie nicht in Bewegung, sind sie unglücklich. Das beginnt schon damit, dass der Tag – und damit Stunde um Stunde des Tages – verplempert wird.

- Es darf keine Langeweile aufkommen.
- Es darf kein Leerlauf eintreten.

Bewegung und Aktivität sind Abwehrstrategien gegen seelische Krisen, sind Schutzmechanismen gegen Depression und Schwermütigkeit. Bei einigen beginnt es damit, dass mit dem Wecken das Radio angestellt wird. Musik ist wie ein leichtes Betäubungsmittel. Die völlige Stille macht krank. Die Geräuschkulisse gibt dem Menschen das Gefühl, er ist in Bewegung. Er ist nicht tot.

Oder er muss etwas unternehmen. Der Putzwahn ist solch ein Bewegungsmotiv.

- »Ich bin beschäftigt.«
- »Ich tue für meine Begriffe etwas Sinnvolles.«
- »Ich bin in Betrieb.«
- »Ich komme nicht ins Grübeln.«
- »Ich fliehe vor der Leere.«

Der Putzzwang ist die Aktivität eines Besessenen. Er tut etwas Nützliches, denn er muss ja die Zeit ausfüllen. Dann redet er sich ein, dass er für Genuss und schöne Dinge keine Zeit hat. Aber das stimmt nicht, er *will* keine Zeit für Genuss, für Erholung, für Ruhe und Entspannung haben. Freie Zeiten wirken auf ihn bedrohlich. Die Leere ist ein bedrohlicher Schacht, sie kann ihn umbringen.

Es ist keine Frage, dass die Menschen, die vor dem Nichtstun eine panische Angst haben, die rastlos ständig in Bewegung sein müssen und sich umtriebig verhalten, gefährdet sind.

- Sie fliehen vor sich selbst.
- Sie fliehen in hektische Betriebsamkeit.
- Sie fliehen vor der inneren Leere.
- Sie fliehen vor der Sinnlosigkeit des Lebens.

Unterwegs-Menschen sind hektisch und wirken gestresst. Ihnen sitzt ein geheimnisvolles Etwas im Nacken. Sie wissen nicht, was es ist. Ein Gefühl des Unbehagens treibt sie hinaus. Aber nirgendwo fühlen sie sich wohl, aufgehoben und geborgen. Das »Hemingway-Syndrom« kennzeichnet ihr Leben. Ein Gespenst, »das Nichts«, hat sie erfasst. Denn wie betete einst der Schriftsteller Ernest Hemingway in seiner Verzweiflung: *»Unser Nichts, das du bist im Nichts, Nichts ist dein Name, dein Nichts komme, dein Nichts geschehe wie im Nichts so im Nichts, unser tägliches Nichts gib uns heute. Erlöse uns vom Nichts, denn dein ist das Nichts und das Nichts und das Nichts. Heil dem Nichts, voll von Nichts, Nichts ist mit dir.«*

Dieses abgrundtiefe Nichts ist heute ein nicht seltener Gast. Es ist nicht nur im Café bei uns, es kann uns auf der Arbeit anfallen, überall liegt es auf der Lauer. Nicht wenigen der Kriegsgeneration ist der Glaube an den »lieben Vater« zerbombt, zerschlagen und zerrissen worden. Die Mutter auf dem Treck mit einem toten Kind auf dem Arm, die Menschen im Keller, über denen ihr Heim und ihre Habe verbrannte, haben den Glauben an den lieben Vater, der über dem Sternenzelt wohnen muss, verloren.

Wir machen viele Dinge gleichzeitig

Das ist die Zeitvorstellung der Postmoderne. Das ist die Praxis der schnelllebigen Zeit von heute.

Früher hieß es:

- »Eins nach dem anderen!«
- »Immer der Reihe nach!«
- »Mach erst eine Sache zu Ende, bevor du eine andere anfängst!«

Heute dagegen heißt es:

- »Alles gleichzeitig!«
- »Alles zu jeder Zeit!«
- »Mehrere Dinge auf einmal.«

Wo wird das deutlich?

Es ist zwar verboten, wird aber immer wieder praktiziert: Ein Autofahrer jagt mit Höchstgeschwindigkeit über die Autobahn und erledigt gleichzeitig ein Ferngespräch per Handy.

Menschen reisen im ICE. Gleichzeitig haben sie ihr Laptop in Betrieb, bereiten eine Vorlesung für die Uni vor, entwerfen Belege für die Firma oder sehen sich gespannt einen Film an.

Auch im Fernsehen wird die Gleichzeitigkeit von Vorgängen praktiziert. Im oberen Bildteil des Bildschirms läuft ein anderes Programm als im unteren. Auf einem Band, das langsam über den Schirm läuft, werden uns die neuesten Nachrichten übermittelt. Unfälle, Überfälle, Katastrophen und die Ergebnisse von Sitzungen aus Politik und Wirtschaft werden uns brühwarm weitergereicht. Wer ständig weltweit über die neuesten Meldungen unterrichtet sein will, hört, schaut und liest gleichzeitig.

Europas bekanntester Zeitforscher, Professor Karlheinz Geißler, formuliert es in seinem neuesten Buch so: *»Die sich etablierende ›Simultankultur‹ bringt nämlich den neuen Sozialcharakter des Simultanten bzw. der Simultantin hervor. Diese Simultanten müssen fähig sein, weitgehend entgrenzt, das heißt ort- und zeitlos zu leben. Die technische Minimalausstattung dafür sind das Mobiltelefon und der Zugang zum Internet. (...) Wer darüber hinaus in dieser Echtzeitgesellschaft noch erfolgreich sein will, benötigt zusätzliche Kompetenzen, er muss psychisch stabil und physisch flexibel sein, um in möglichst vie-*

len Lebenssituationen gleichzeitig an- und abwesend sein zu können.«[3]

Diese Praxis bezeichnet man auch bei uns mit dem englischen Ausdruck »Multitasking«. Das bedeutet, es werden mehrere Aufgaben gleichzeitig gelöst, die Kraft und Energie kosten. Zweifellos werden bei solchen Umgangsmustern die Nerven gefordert. Ruhe und Ausgeglichenheit bleiben auf der Strecke. Das ist der Preis, den unsere Hochgeschwindigkeitskultur von Menschen fordert, die sich auf dieses Spiel einlassen.

Mut zur Lücke!

Wer alles wissen will, wer alles verstehen will, wer alles begreifen will, wer alles beherrschen will, der wird vom Zeitdruck erdrückt. Unsere Informationsgesellschaft ist ein Sklaventreiber. Selbst auf der Toilette klingelt das Handy. Sogar im Gottesdienst, wenn Gott mit uns reden will, läutet das nicht abgestellte Handy. Wir müssen erreichbar sein, überall und zu jeder Zeit. Ob wir Besuch haben, ob wir die Nachrichten im Fernsehen sehen, ob wir beten oder essen, ob wir lesen oder schlafen, irgendein Mensch besitzt das Recht, über uns zu verfügen,

- wenn wir das zulassen,
- wenn wir ständig erreichbar bleiben wollen,
- wenn wir uns mit Wichtigkeit aufplustern.

Vor ein paar Jahren erschien ein Buch mit genau dem Titel: »Mut zur Lücke«. *»Lücken sind dazu da, geschlossen zu werden«,* behauptete das ZDF, das Zweite Deutsche Fernsehen. Mit dieser Begründung wollte es die letzte Lücke stopfen und rund um die Uhr auf Sendung gehen. Schließlich gibt es Menschen, die nachts nicht schlafen können, die mit Musik und leichter Unterhaltung versorgt sein wollen. Da gibt es Menschen, die wach sein müssen, um für andere da zu sein. Da gibt es Menschen, denen langweilig ist und denen die Zeit vertrieben werden soll.

- Sagen Sie Ja zur Wissenslücke.
- Sagen Sie Ja zu Erklärungslücken.
- Sagen Sie Ja zu Informationslücken.
- Sagen Sie Ja zur Bildungslücke.
- Sagen Sie Ja zur Verständigungslücke.
- Sagen Sie Ja zu ihrer Begrenztheit.

Versuchen Sie kein Vollkommenheitsstreben zu installieren. Je mehr Sie wollen und sich anstrengen, desto unzufriedener werden Sie. Sie belasten Ihre Lebenszeit, Ihre Arbeitszeit und Ihre Freizeit. Mut zur Lücke meint auch Mut zur Bescheidenheit. Ich kann darauf verzichten, mit den anderen zu konkurrieren. Ich muss mich nicht vergleichen. Einem Machtanspruch muss ich nicht nachjagen.

Mut zur Lücke ist eine Lebensstilfrage. Mut zur Lücke ist auch eine Persönlichkeitsfrage. Menschen mit Minderwertigkeitsproblemen, die sich beweisen und hervortun müssen, lehnen den Mut zur Lücke ab. Sie wollen besser und tüchtiger sein und strengen sich an, alle erkannten Lücken zu füllen. Sie sitzen im Schraubstock der Zeit. Menschen, die sich annehmen, die sich bejahen und mit sich im Frieden leben, überschlagen sich nicht und kommen nicht in Hetze und Hektik.

Können Sie dankbar und ohne ein inneres Gefühl von Unzufriedenheit und Mangelhaftigkeit den Mut zur Lücke bejahen?

Der Apostel Paulus drückt den Mut zur Lücke in seiner Sprache so aus: *»Denn unser Wissen von Gott ist Stückwerk,* *und unser prophetisches Reden ist Stückwerk. Doch wenn sich die ganze Wahrheit zeigt, dann ist es mit dem Stückwerk vorbei.« (1. Korinther 13, 9+10)*

Wenn wir einst vor Gott stehen und er sich in ganzer Wahrheit zeigt, dann erst wird deutlich, wie viel unnötigen Wissensballast wir uns aufgehalst haben. Es wird offenbar, dass uns menschliches Wissen, eine unermessliche Informationsflut und eine reichhaltige Bildung keinen Platz in der Ewigkeit sichern.

Mut zum Verzicht!

Wir müssen abspecken, müssen unsere Lebensansprüche verringern und müssen zurückstecken.

Als der weise Sokrates, der viel bewunderte griechische Philosoph, mit seinen Schülern im Hafen von Korinth spazieren ging, beobachtete er das geschäftige Treiben im Hafen. Kostbare Güter aus fernen Ländern wurden ausgeladen und auf Wagen transportiert. Er lächelte und strich zufrieden seinen Bart: »Wie zufrieden bin ich, dass ich tausend Kostbarkeiten nicht brauche, dass ich auf Besitz verzichten will, dass ich teure Wünsche hinter mir lassen kann und viele Begehrlichkeiten mein Herz nicht beunruhigen.«

- Wer verzichten kann, wird ruhig.
- Wer loslassen kann, wird reich und weise.
- Wer neidlos glücklich ist, erfährt innere Ruhe.
- Wer die Habgier überwunden hat, wird friedlich und gelassen.

Wohl dem, der Kinder, Ehren, Ehrgeiz und Eifersucht loslassen kann, denn der führt in der Tat ein erfülltes Leben.

Das Wort vom Verzicht weckt natürlich Widerstand und

Abwehr in uns. Es ist wie die Faust ins Gesicht der Konsumgesellschaft. Menschen wollen genießen und keine Abstriche machen müssen. Sie wollen *haben* und alle Lebensmöglichkeiten ausschöpfen.

Verzichten können ist *ein* Weg, dem Zeitdruck zu begegnen, ist *ein* Weg, der Multioptionsgesellschaft ein Schnippchen zu schlagen.

Wer alles ausschöpfen will, wer nichts versäumen darf, wer von einem Event zum anderen stürzt, der will seine innere Leere übertünchen, der erfährt vielleicht eine Scheinbefriedigung, aber keinen wirklichen Frieden.

Wer alte Gewohnheiten aufgibt, wer die Informationsflut drastisch verringert, wer Leib, Leben und Geist zur Ruhe zwingt, wer freiwillig seinen Erlebnishunger einschränkt, wer ohne Entzugserscheinungen seine Arbeitswelt aufgibt,

- der erfährt weniger Atemlosigkeit,
- der erlebt weniger Stress,
- der praktiziert weniger Zeitdruck
- und der gewinnt mehr Ruhezeit, die ihn selbst und seine Umgebung beglückt.

Uhrenzeit und heilige Zeit

Die Uhrenzeit hat unser Leben jahrhundertelang bestimmt, geformt und kontrolliert. Mit Erfindung der ersten modernen Maschinen im Mittelalter verbreitete sich die Uhr über ganz Europa und über Nordamerika. Von nun an bestimmte die Uhr die Arbeitszeiten, die Gebets- und Gottesdienstzeiten. Wer abends nicht pünktlich das Stadttor erreichte, musste draußen bleiben oder kam nur gegen ein Entgelt durch ein kleines Seitentor ins bewachte Dorf.

Neben der Uhrenzeit gibt es aber noch andere Zeiten, die unser Leben und Dasein bestimmt haben: Wir sprechen

- von *Kriegszeiten,*
- von *Not- und Restzeiten,*
- von *Überflusszeiten,*
- von *Krankheitszeiten,*
- von *Naturzeiten,*
- von *Kinder- und Jugendzeiten,*
- von der *Körperzeit*
- und von der *heiligen Zeit*, der *Gotteszeit*.

Dann sprechen wir auch noch von der *Naturzeit*. Sonnenauf- und -untergänge, Nacht und Tag, Sommer und Winter, Frühjahr und Herbst bestimmten damals weitaus stärker das Leben der Menschen als heute.

Ich hatte einen Manager in der Beratung. Er sagte zu mir: »Ich gehe souverän mit der heiligen Zeit um.«

»Was ist für Sie denn heilige Zeit?«, fragte ich.

Er antwortete: »Die Zeit zwischen 7.30 Uhr und 8.00 Uhr, und zwar jeden Morgen, ohne Ausnahme! Um 9.00 Uhr beginnt mein Dienst in der Firma. Zwischen 8.00 Uhr und 8.30 Uhr frühstücke ich mit meiner Frau, die ›stille Zeit‹, die ich in Andacht vor Gott verbringe, ist heilige Zeit, eine Zeit, die ausnahmslos von Gott beschlagnahmt ist. Seit Jahren halte ich das so, und so habe ich mir angewöhnt, diese Zeit kompromisslos auszuschöpfen.«

Dieser Manager hat Zeitsouveränität gewonnen. Er hat sich die Zeit nicht zum Gegner gemacht. Wir dürfen nicht gegen die Zeit ankämpfen, sondern müssen lernen, meisterhaft und souverän mit ihr umzugehen. Zeit ist ein Geschenk. Zeit ist damit auch immer Gottes Zeit. Die heilige Zeit beinhaltet für ihn 30 Minuten, die Gott gehören, die ihm anvertraut sind und die er mit Anregungen für den neuen Tag füllt, mit täglichen neuen Anmerkungen für die konkrete Woche, für die kommenden Monate, für das ganze Jahr.

Der Mann wirkt auf mich gelassen und beherrscht. Er zeigt keine Spuren von Hektik. Der Körper spiegelt keine Unruhe wider. Und sein Geheimnis lautet: »In dieser halben Stunde bin ich mit Gott allein, ohne Telefon und Handy, ohne Kinder und Ehepartner. Viele eigenwillige Aktivitäten hat er mir aus der Hand genommen. Einige sind mir sehr schwergefallen. Aber alle haben sich ausgezahlt. Ich bete immer wieder darum, dass seine Planung mein Leben und meine Zeit bestimmt.«

Paradiesische Zeiten

Im Laufe der Geschichte hat es immer wieder Menschen gegeben, die uns ein wunderbares Paradies versprochen haben. Das kommt gut bei uns an, denn wer will schon in eine hoffnungslose Zukunft gehen? Wer will sein Leben als eine Fahrt ins Blaue betrachten?

Peter Hahne schreibt in einem seiner Bücher: *»Ende des 19. Jahrhunderts verfasste der amerikanische Sozialist Eduard Bellamy seine Utopie ›Rückblick aus dem Jahr 2000 auf 1887‹. In allen Einzelheiten beschreibt er seinen kommunistischen Traumstaat: ›Niemand sorgt mehr für den kommenden Tag; denn die Nation verbürgt die Ernährung und den täglichen Unterhalt jedes Bürgers von der Wiege bis zum Grabe. (…) Die Menschheit hat ihre Puppenhülle durchbrochen: Der Himmel liegt vor ihr!‹«*[4]

Was ist aus diesen Paradiesversprechungen geworden? Die Schere zwischen Arm und Reich strebt immer weiter auseinander. Jeden Tag sterben auf unserer Erde einige tausend Menschen an Hunger. Eine Milliarde Menschen sind unterernährt.

Schon die Schlange im Paradies umgarnte den machthungrigen Menschen mit der teuflischen Versuchung: »Du wirst sein wie Gott und mächtig.«

Adam und Eva sind auf die Einflüsterung hereingefallen. Millionen und Abermillionen nach ihnen ließen und lassen sich von ähnlichen Verheißungen einwickeln. Gott soll entmachtet werden. Die hochstaplerischen Macher wollen uns ohne Gott ein bestaunenswertes Paradies schaffen. Der stolze Machbarkeitswahn ist jedoch ausgeträumt, der Fortschrittsoptimismus zusammengebrochen. Die Angst sitzt ungezählten Menschen im Nacken.

Peter Hahne hat recht: Karl Marx, Mao Tse Tung und Hitler redeten vom neuen Menschen, vom Tausendjährigen Reich und von glänzenden Zukunftsperspektiven. Sie malten uns goldene Paradiese vor Augen. Zigmillionen Menschen mussten für ihre Heilsversprechen ihr Leben opfern. Von ihren Illusionen und Utopien aber sind nur Trümmer und Tote geblieben.

Es gibt keinen Weg ohne ein klares Ziel. In der Esoterik wird pausenlos das unsinnige Wort gelehrt: »Der Weg ist das Ziel.« Wer sich auf den Weg macht, kann sich aber schon auf dem Weg ins Verderben befinden. »Viele Wege führen nach Rom!« Aber Rom ist nicht das verheißene Land, Rom ist nicht das Paradies.

Wirklich paradiesische Ziele sind angesagt, wenn wir Schlüsselsätze des Paulus nachvollziehen können. Als er im Gefängnis saß und den berühmten Freuden-Brief an die Philipper schrieb, formulierte er einige Sätze, die Antwort geben auf unseren Umgang mit der Zeit: *»Ich sage das nicht, weil ich Mangel leide; denn ich habe gelernt, mir genügen zu lassen, wie's uns auch geht. Ich kann niedrig sein, und ich kann hoch sein; mir ist alles und jedes vertraut: beides, satt sein und hungern, beides, Überfluss haben und Mangel leiden; ich vermag alles durch den, der mich mächtig macht.« (Philipper 4, 11-13)*

- Paulus hat genug zum Glücklichsein.
- Paulus hat genug zum Zufriedensein.
- Paulus nimmt Mangel und Überfluss, satt sein und Hunger aus Gottes Hand.

Das ist Lebenskunst, das ist Meisterung des Lebens und ein souveräner Umgang mit der Zeit.

KAPITEL 8

»Neurosige Zeiten«

»Neurosige Zeiten« – so überschreibt der Chefredakteur der Zeitschrift »Psychologie heute« sein Editorial für eine Nummer zum Thema *Depression.*

Depression ist heute die Massenreaktion

- auf Zeitdruck,
- auf schnelle, weltweite Veränderungen,
- auf dynamische Gesellschaften,
- auf erschöpfte Menschen,
- auf einen Turbokapitalismus, der die Lebensqualität gefördert und gleichzeitig die Menschen leer, müde, unruhig und freudlos gemacht hat.

Heiko Ernst, der eben genannte Chefredakteur, macht das Dilemma am Wirtschaftswunder der Stadt Hongkong deutlich. Die Stadt wird gepriesen als die »freieste Marktwirtschaft der Welt«. Die wirtschaftliche Dynamik brummt. Das Wachstum ist robust. Das durchschnittliche Pro-Kopf-Einkommen liegt deutlich höher als in Deutschland. Aber es gibt auch eine Negativseite:

- Die Hongkonger arbeiten im Durchschnitt 55 Stunden die Woche.
- Wer zuerst Feierabend macht, wird als Weichei bezeichnet.
- Es gibt so gut wie keinen Kündigungsschutz.
- Urlaub können sich die meisten aus *Zeitgründen* nicht erlauben.

»Trotz des neuen Reichtums ist diese Stadt nach Einschätzung der eigenen Bevölkerung und nach allen statistischen Indizes einer der freudlosesten, anstrengendsten Orte auf der Welt. Völlig erschöpft hängen die Menschen spätabends vor der Glotze. Existenzängste und Überschuldung plagen die meisten Angestellten. Familienleben findet kaum noch statt, ganz zu schweigen von Sex. Die Geburtenrate ist in den letzten zwei Jahrzehnten schnell gefallen – von 3,0 auf 0,8 Kinder. Die Boomtown Hongkong befindet sich etwa auf dem gleichen (Un-)Glücksniveau wie die verarmte, von Krisen geschüttelte Ukraine.«[1]

Das sind die Ergebnisse des rasanten Fortschritts einer Highspeed-Gesellschaft und eines Turbokapitalismus. Viele Menschen sind Opfer eines Glücksstrebens geworden. Sie werden aufgerieben zwischen pausenloser Arbeit und der Illusion des Erfolges.

Überbelastung und Überverantwortung machen hilflos, und Hilflosigkeit ist ein Zeichen für eine depressive Erkrankung. Schwermut und Bedrücktsein sind auch ein Zeichen für eine tiefe *Sinnkrise*. Wenn ein Mensch keinen Sinn im Leben mehr sieht, liegen Selbstmordgedanken auf der Lauer. Die Lebensfreude ist ausgewandert, sie wird von Pessimismus, Grübeleien und Befürchtungen erdrückt.

Überforderung und Zeitmangel

Fachleute vermuten, dass im Jahr 2020 die Depression die zweithäufigste Erkrankung weltweit sein wird. Lediglich die Herz-Kreislauf-Krankheiten werden noch häufiger vorkommen.

Die Depression ist längst zur Volkskrankheit geworden. Durch keine andere Erkrankung gehen in den Industrieländern mehr gesunde Lebensjahre verloren. Sicher hat der

Anstieg der Depression auch etwas mit einer verbesserten Diagnostik zu tun. Aber die Hauptursachen sind:

- Stress und Überforderung,
- Anpassung an immer neue Bedingungen,
- Angst, den eigenen Ansprüchen und den Ansprüchen der Gesellschaft nicht gerecht zu werden,
- Kapitulation vor den Herausforderungen,
- Rückzug und Selbstschutz der Betroffenen, um der Verantwortung auszuweichen.

Es ist eine Tatsache, dass Frauen etwa doppelt so häufig an Depression erkranken wie Männer. Frauen werden häufiger als Männer mit belastenden Situationen konfrontiert. Frauen verbringen deutlich mehr Zeit

- mit Berufstätigkeit,
- mit Hausarbeit,
- mit Kindererziehung,
- mit Betreuung älterer Familienmitglieder

als Männer.

Fachleute schätzen, dass Frauen etwa 90 Stunden in der Woche mit Arbeit und Nebentätigkeiten beschäftigt sind. Bei Männern sind es lediglich 68 Stunden. Daher leben Frauen in einer chronischen Überbelastung. Sie haben das Gefühl, die Dinge nicht mehr unter Kontrolle zu haben. Kontrollverlust aber ist ein typisches Symptom für depressive Einstellungsmuster.

Wie begegnen wir der »neurosigen Zeit«?

Wir leben nicht in Hongkong. Aber Hongkong ist überall. Wie können wir der um sich greifenden Wachstumsökonomie entweichen? Wie können wir dem Unglücksniveau und der Freudlosigkeit entkommen? Wie können wir den Negativstress, der viele von uns bereits vergiftet hat, abbauen? Wie können wir mehr Lebensqualität erreichen? Wie können wir unserem Denken, Fühlen und Handeln einen anderen Sinn geben?

Wie wir die Zeit auch immer beschreiben, Folgendes bleibt als Tatsache:

- Sie *ist* eine Schöpfungsordnung Gottes.
- Sie *regiert* unsere gesamte Existenz.
- Sie *bleibt* der bestimmende Faktor unseres Lebens.

Und wenn die Zeit und unser Leben in Gottes Hand liegen, dann ist das Reden von Zeitmanagement und Zeitmanipulation zutiefst unsinnig. Es geht nicht darum, die Zeit zu programmieren, es geht darum, uns selbst neu zu programmieren.

- Wohin denken wir?
- Wohin gehen wir?
- Wohin lassen wir uns treiben?

Das sollten wir uns fragen.

- Der Umgang mit der Zeit ist ein Persönlichkeitsproblem.
- Der Umgang mit der Zeit ist eine Lebensstilfrage.
- Der Umgang mit der Zeit ist ein Ausdruck meiner Lebensausrichtung.

Wer zum Erfolg und zur Karriere Ja sagt, wird in der Regel auch zum Zeitdruck und zum Zeitmangel Ja sagen. Er will das materiell Optimale aus der Zeit herausholen. Er sagt Ja zu Leistungsstress und Überforderung.

Wer sein Leben aber aus Gottes Hand nimmt, wer Gottes Maßstäbe in seinem Leben realisieren will, wird andere Lebensziele verfolgen und andere Werte praktizieren. Inneres Gleichgewicht und Wohlbefinden sind keine Frage des Zeitmanagements, sie sind eine Frage persönlicher Lebensentscheidungen. Wer Gottes Willen tun will, kehrt den Verführungen des Turbokapitalismus den Rücken. Er weiß, den Stressoren

- Überbelastung,
- Versagensangst,
- Lärm,
- Selbstüberforderung,
- Mangel an Schlaf und Ruhe

muss ich aus dem Weg gehen.

- Wer keine Zukunft hat, hat keine Perspektive.
- Wer keine Zukunft hat, flieht in Geschäftigkeit.
- Wer keine Zukunft hat, lässt sich von den Zufällen des Lebens treiben. Haltlos wie ein Schiff ohne Ruder und Steuermann treibt der Mensch auf dem Meer der Zeit.

Wer Gott ernst nimmt, setzt andere Prioritäten

Er findet Muße, stille Zeit, Pausen zum Nachdenken, zum Überlegen und zum Reflektieren. Er findet seinen Schlaf und seine Entspannung.

- Das Ziel bestimmt das Denken.
- Das Ziel bestimmt das Handeln.
- Das Ziel bestimmt den Umgang mit der Zeit.

Wer Gottes Ewigkeit ins Auge fasst, wer seine Gegenwart in allen Entscheidungen einbezieht, wer einen Sinn im Leben kennt, wer nicht engstirnig auf Erfolg, Besitz und Ehre schielt, der weiß, wie er mit seinem Leben umgeht, der weiß, wie er mit der Zeit umgeht.

Der bekannte Psychiater Victor E. Frankl erzählt in einem seiner Bücher, wie Menschen leben, die einen Sinn im Hier und Jetzt praktizieren. Er hatte vor Jahren eine Zeitungsnotiz gelesen. Ein zu lebenslänglichem Zuchthaus verurteilter Verbrecher wurde auf die Teufelsinsel deportiert. Als das Schiff auf hoher See war, brach ein Brand aus. In der Not der Situation wurde der Sträfling von seinen Fesseln befreit und beteiligte sich an den Rettungsarbeiten. Er rettete zehn Menschenleben. Später wurde er daraufhin begnadigt. Frankl fragte sich: *»Wenn man diesen Sträfling vor der Einschiffung am Kai von Marseille gefragt hätte, ob sein Weiterleben noch irgendeinen Sinn haben könnte – er hätte wohl den Kopf schütteln müssen.«*

Niemand weiß, was noch auf ihn wartet. Wir kennen unsere Zukunft nicht. Wir wissen nur, dass der lebendige Gott sie in seiner Hand hält. Wer aus ihm lebt, gibt selbst in aussichtslosen Situationen nicht auf. Er weiß, Gott bestimmt jeden Schritt und kann aus unmöglichen Begebenheiten etwas Sinnvolles entstehen lassen.

Ihre Kraftquelle für die Zeit von morgen

Ein Selbsterforschungsfragebogen

	nie	manch-mal	meist
Ich lebe weitgehend gesundheitsbewusst.			
Ich bin weitgehend zufrieden.			
Ich bejahe mich so, wie ich bin.			
Mit anderen Menschen lebe ich komplikationslos.			
Meine sozialen Beziehungen sind gut.			
Ich lebe als Christ ein positives Lebensgefühl.			
Mein christlicher Glaube gibt meinem Leben ein Fundament.			
Mein Leben hat einen Sinn.			
Ich gestalte mein Leben kreativ und abwechslungsreich.			
Schwierigkeiten bringen mich nicht aus der Fassung.			
Ich fühle mich in meiner Wohnung oder meinem Haus geborgen.			
Ich lebe zufrieden als Single oder in Partnerschaft.			
Ich kenne keine Langeweile und keine Lebensunlust.			
Enttäuschungen und Ärger kann ich gut verarbeiten.			
Der Platz, an den Gott mich gestellt hat, füllt mich aus.			
Verantwortung, die Gott mir zumutet, nehme ich wahr.			
Meinen Alltag bewältige ich im Allgemeinen gut.			
Ich mag mich leiden – wie ich bin.			
Im Berufsleben fühle ich mich zufrieden.			
Meinen Lebenszielen und -wünschen gehe ich weitgehend nach.			

Hilfe für den Selbsterforschungsfragebogen
»Ihre Kraftquelle für die Zeit von morgen«

1. Kreuzen Sie die Fragen bitte ohne langes Nachdenken an und wählen Sie jeweils nur ein Feld aus.

2. Der Selbsterforschungsfragebogen verschafft Ihnen ein Bild über Ihre jetzige Zufriedenheit und demonstriert Ihre Fähigkeit, die Zukunft sinnvoll zu meistern.

3. Wenn Sie die Auswertung vornehmen: Für jedes Kreuzchen bei »nie« geben Sie sich 0 Punkte.
   Für jedes Kreuzchen bei »manchmal« geben Sie sich einen Punkt.
   Für jedes Kreuzchen bei »meist« geben Sie sich zwei Punkte.

4. Wenn Sie sich 40 Punkte gegeben haben und sich sicher sind, dass Sie Ihre Ambitionen nicht geschönt haben, dann sind Sie ein zufriedener, gelassener und sorgloser Mensch, der das Leben meistert und seine Zeit optimal gestaltet.

5. Wenn Sie sich weit unter 40 Punkten wiederfinden, dann sind Ihre Zufriedenheit und Gelassenheit gestört. Wollen Sie weiter so Ihr Leben gestalten oder sich mit kritischen Punkten Ihrer Persönlichkeit auseinanderzusetzen?

Krankheitssymptom: Hektik

Ein Selbsterforschungsfragebogen über den Umgang mit der Zeit

	stimmt nicht	stimmt etwas	stimmt voll
Ich erlebe immer wieder, dass ich keine Zeit habe.			
Mich treibt die Angst, der Tag hätte nicht genügend Stunden.			
Ich werde nervös, wenn ich warten muss.			
Ich lese, rede und arbeite schneller, um Zeit zu sparen.			
Ich denke an mehrere Dinge gleichzeitig, die ich erledigen will.			
Ich mache gern mehrere Dinge gleichzeitig.			
Ich sehe fern und esse gleichzeitig.			
Ich habe einen übervollen Terminkalender.			
Ich stapele Bücher, Zeitungen und Zeitschriften und fühle mich schuldig, weil ich nicht zum Lesen komme.			
Ich habe alle möglichen zeitsparenden Elektrogeräte gekauft.			
Ich reagiere immer oberflächlicher.			
Ich tausche Tiefe gegen Vielseitigkeit ein.			
Ich finde immer weniger Zeit für Freunde und Bekannte.			
Ich beeile mich, auch wenn kein Grund vorhanden ist.			
Ich spiegele eine unterschwellige Spannung wider.			
Ich ergreife Maßnahmen, um meine Erschöpfung zu betäuben (Alkohol, Medikamente, Fernsehen, Musik).			
Ich reagiere ärgerlich und streitsüchtig, wenn ich unter Druck stehe.			
Ich habe das zwingende Gefühl, etwas tun zu müssen.			

Auswertung des Selbsterforschungsfragebogens
»Krankheitssymptom: Hektik«

1. Wenn Sie mehr als dreimal »stimmt voll« und mehr als fünfmal »stimmt etwas« angestrichen haben, sind Sie ein Mensch, der unter einem kritischen Hektik-Symptom leidet.
2. Was glauben Sie tun zu müssen, um das Hektik-Symptom zu reduzieren?

Welche Lebensprioritäten setze ich? – Wie beanspruchen sie meine Zeit?
Ein Selbsterforschungsfragebogen

	Welchen Stellenwert haben die Begriffe (Realität)? Welchen Stellenwert wünsche ich mir (Wunsch)?
Arbeit	
Geld und Besitz	
Ehe	
Kinder	
Familie	
Macht	
Unabhängigkeit	
Ruhe	
Anerkennung	
Beziehungen	
Ordnung	
Status	
Körperliche Aktivität	
Christlicher Glaube	
Perfektionismus	

Hilfen zum Selbsterforschungsfragebogen
»Welche Lebensprioritäten setze ich?«

1. Die Reihenfolge der 15 Punkte hat keine Bedeutung.

2. Welchen Stellenwert haben die Punkte bei Ihnen in der Realität? Welchen Stellenwert sollten sie in Ihrem Leben haben, wo liegen Ihre persönlichen Prioritäten? Wie lauten Ihre Wünsche?

3. Es handelt sich um 15 Begriffe. Versuchen Sie mit einer Skala von 1 bis 10 den Wert der Begriffe in Ihrem Leben anzugeben. Wert 1 = ganz gering, Wert 10 = sehr hoch. Versuchen Sie, ganz gefühlsmäßig eine Bewertung für alle Prioritäten zu finden.

4. Lassen Sie die Liste von Ihrem Partner, Ihren Eltern, Freunden oder guten Bekannten ausfüllen. Was fällt Ihnen auf? Wo schätzen Partner oder Freunde Sie ganz anders ein als Sie sich selbst?

5. An den Punkten, die die größten Diskrepanzen zwischen *Realität* und dem *Wunsch* aufweisen, sollten Sie arbeiten und sie mit ins Gebet nehmen. Nehmen Sie sich aber jeweils nur einen Begriff vor, sonst überfordern Sie sich und geben Ihre Veränderungsabsichten schnell auf.

KAPITEL 9

20 Denkanstöße, um die Zeit sinnvoll zu gestalten

Nicht alle der folgenden Tipps werden Sie bejahen können. Nicht alle Denkanstöße sind für Sie praktikabel. Deshalb sollten Sie sich überlegen:

- Welche Denkanstöße können Ihnen helfen, sinnvoller mit der Zeit umzugehen?
- Welche Hilfen finden Sie angemessen dazu, Ihnen Ruhe und innere Gelassenheit zu verschaffen?
- Welche Schritte können Sie gehen, um ein ausgeglichenes Leben zu führen?
- Welche Ratschläge treffen am besten auf Ihre Situation zu?
- Welche Hilfen kommen Ihrem Lebensstil und Ihrer Persönlichkeit am nächsten?

Wichtig ist:

- Treffen Sie eine Entscheidung!
- Schieben Sie keine Antwort lange vor sich her!
- Nehmen Sie nicht mehrere Tipps gleichzeitig in Angriff!
- Beginnen Sie mit *einem* Denkanstoß!

Denkanstoß 1: Benutzen Sie keine Ausreden!

- Ruhe und Gelassenheit fallen uns nicht *in den Schoß*.
- Ruhe und Gelassenheit kosten *Einsicht*.
- Ruhe und Gelassenheit kosten *Arbeit*.
- Ruhe und Gelassenheit kosten *Einübung*.

Menschen, die keine Zeit haben, reden sich gern heraus. Wie lauten solche Ausreden?

- »Unsere Zeit ist hektisch und aufreibend. Da bleibt einem nichts anderes übrig als mitzumachen.«
- »Geht es anderen nicht ebenso? Wir sitzen doch alle in einem Boot. Jeder Fortschritt ist mit Zeitdruck erkauft worden.«
- »Nur wenn ich im Stress stehe, wenn der Zeitdruck stärker wird, laufe ich zur Höchstform auf.«
- »Ein gewisser Zeitdruck ist lebensnotwendig, sonst wird alles langweilig.«
- »Das heutige globale Wirtschaftssystem ist an allem schuld.«

Ausreden sind Selbstberuhigungsmethoden. Ein amerikanischer Psychiater spricht von »Lügen, an die wir glauben«.

- Wir machen uns etwas vor.
- Wir rechtfertigen uns.
- Wir lügen uns in die eigene Tasche.

Wenn wir gemeinsam jammern und klagen, hat das auch einen Beruhigungseffekt. Mit unzähligen Leidtragenden fühlen wir uns solidarisch verbunden. Jammern kostet auch keine Mühe. Und der Erfolg:

- Wir werden bemitleidet.
- Wir werden von außen bestimmt.
- Wir lassen uns vom Zeitdruck knebeln.

Ausreden sind ein Lieblingsabwehrmechanismus, wie die Sozialwissenschaftler sagen. Schon Adam und Eva praktizierten im Paradies dieses Verhaltensmuster. Als Gott, der Schöpfer, die beiden Sünder fragte, was sie getan hätten, redeten beide sich heraus. Als Erster Adam: »Ich war es nicht; die Frau, die du mir gegeben hast, hat mich verführt.«

Zwei Rechtfertigungen in einem Satz.

Auch Eva übernimmt keine Verantwortung für ihr Tun. Sie redet sich ebenfalls heraus und schiebt die Schuld auf die Schlange.

Bis heute sind Ausreden eine beliebte Abwehrmethode, um sich zu drücken und die Verantwortung abzuschieben.

Was tun wir?

- Wir verteufeln die *unschuldige* Zeit. Wir spüren nicht mehr, dass wir selbst es sind, die sich rechtfertigen.
- Wir machen aus der Not eine Tugend. Wir verfehlen den Zeitpunkt, um anschließend damit zu prahlen, dass wir erst zu Höchstleistungen auflaufen, wenn die Zeit knapp ist.
- Wir loben den negativen Stress, in den wir geraten sind, um der Langeweile zu entfliehen. Überarbeitung und seelische Belastungen – so reden wir uns zumindest ein – sind wichtiger als Nichtstun und Langeweile.
- In unserem Christenleben machen wir uns vor, dass wir immer im Dienst sind, keine Ruhepausen kennen und damit »für den Herrn« arbeiten. Der Teufel jubiliert über so viel konzentrierten Unsinn, den christliche Tausendsassas verbreiten.

Fragen zur Selbstprüfung

- Glauben Sie auch, dass Sie gegen Zeitdruck, der systemimmanent ist, nichts ausrichten können?
- Benutzen Sie auch Ausreden und rechtfertigen Ihren Zeitdruck?
- Gehören Sie auch zu den Menschen, die immer im Dienst und immer aktiv sein müssen, die Nichtstun schlecht aushalten?
- Sind Sie auch überzeugt, dass Sie unter Druck die besten Leistungen vollbringen? Warten Sie deshalb oft, bis der Zeitdruck Ihre Höchstleistungen anstachelt?

Denkanstoß 2: Vergeuden Sie Ihre kostbare Zeit nicht für zweitklassige Aufgaben!

Wann ist für Sie die günstigste Zeit, etwas kreativ und kraftvoll zu leisten? Sehr wahrscheinlich am Morgen, wenn Sie gut geschlafen, gegessen und Kaffee getrunken haben. Dann ist Ihr Kopf frei, von Müdigkeit keine Spur. Und was tun Sie dann? Erledigen Sie jetzt die Dinge, die Nachdenken, geistige Spannkraft und Energien erfordern? Oder lesen Sie die Zeitung? Betrachten Sie die neuesten Werbebroschüren der großen Kaufhäuser? Vertiefen Sie sich in eine Illustrierte? Wofür entscheiden Sie sich?

Sie haben die Wahl. Mit leichter Hand können Sie die Aufgaben vor sich herschieben, die uns am Abend, wenn die Kräfte verbraucht sind, doppelt schwerfallen. Zugegeben, es gibt »Morgenmuffel« und »Nachtarbeiter«. Trotzdem, Sie haben es in der Hand, anfallende Arbeiten, Termine und Begegnungen zu planen.

Managementberater machen immer wieder darauf aufmerksam, dass es hilfreich ist, sich zehn bis 15 Minuten zu gönnen, um den Tag oder die kommende Zeit sinnvoll zu strukturieren. Viele Probleme brauchen einen Zeitplan:

- Das Wechseln der Winter- oder Sommerreifen.
- Das Streichen der Hütte, in der die Gartengeräte lagern.
- Das Winter- oder Frühjahrsfertigmachen des Gartens.
- Das Säubern der Garage oder des Kellers.
- Gezielte Einkäufe usw.

Die Frage aber bleibt:

- Wann ist Ihre kreative Phase?
- Wann fühlen Sie sich am einsatzfreudigsten?
- Wann trauen Sie sich das meiste zu?

Es gibt natürlich keine Patentantworten. Günstige Arbeitszeiten sind bei allen Menschen verschieden. Entscheidend aber ist, dass Sie sich nicht treiben lassen, sondern Ihre Arbeitszeit sinnvoll planen.

Denkanstoß 3:
Putzsucht ist ein Zeitkiller

Putzsucht ist eine böse Angewohnheit, die sehr dazu beiträgt, unter gefährlichen Zeitdruck zu kommen. Als Fluchtmechanismus bewahrt sie uns davor, über die innere Leere nachzudenken. Wir sind ja in Betrieb, schaffen etwas, sind abends erschöpft und müssen etwas tun, um die Batterien für den morgigen Putztag wieder aufzufüllen.

Der Amerikaner Buckminster Fuller hat die putzsüchtige Hausfrau glänzend beschrieben: *»Wohl weil Sauberkeit im*

Volksempfinden gleich nach der Gottwohlgefälligkeit kommt, summiert sich die tägliche Hausarbeit – eineinhalb Stunden Abwasch, eineinhalb Stunden Wäsche von Kleidung, Handtüchern und Bettwäsche, eine Stunde Hausputz, zwei Stunden Vor- und Zubereitung der Mahlzeiten, eine Stunde Selbstreinigung, innerlich und äußerlich, dazwischen eine Stunde Ruhe für den schmerzenden Rücken – zu einem Achtstundentag, der dem Schmutz von gestern gewidmet ist, damit er nicht zur Verderbnis von heute und zur Krankheit von morgen werde. (...) Ich denke mir, es bedarf da eines siebten Tages, der Ruhe vorbehalten, dem Gebet, der Predigt und den frommen Liedern, um die Hausfrau und Mutter bei Laune zu halten, während sie nach und nach alle ihre Lebenschancen der nachfolgenden Generation opfert.«[1]

Das ist frech und doch treffend beschrieben. Wir sprechen nicht umsonst von Putz*sucht*. Sucht ist mehr als eine schlechte Angewohnheit. Und Putzsucht ist eine seelische Störung, die Ruhe und Entspannung verhindert. Sie zwingt dem Menschen einen Rhythmus auf, der an Selbstausbeutung erinnert. Putzsucht füllt eine Leere aus. Ich bin ja ohne Unterlass beschäftigt.

- Herz und Seele sind eingespannt.
- Herz und Seele werden mit Nichtigkeiten beansprucht.
- Herz und Seele sind für die Ewigkeit nicht ansprechbar.

Der Putzsüchtige flieht in eine Arbeit, die ihm eine fragwürdige Bestätigung liefert.

Kann es sein, dass der Putzsüchtige Flecken und Schmutz säubern muss, um an seinem menschlichen Schmutz und an seiner menschlichen Reinigung nicht arbeiten zu müssen?

Fragen zur Selbstprüfung

- Bin ich putzsüchtig und raube mir und der Familie mehr Zeit als notwendig?
- Sagen andere Familienmitglieder, dass ich putzsüchtig bin?
- Was sind die offenkundigen oder versteckten Motive, die mich zur Putzsucht zwingen?
- Bin ich bereit, die *erkannten Motive* zu verarbeiten und mit ins Gebet zu nehmen, um die Störung abzustellen?

Denkanstoß 4:
Wir brauchen eine Auszeit

Einige Sportarten kennen die Auszeit. Wer kopflos stürmt, zeigt Tempo. Er rast vorwärts, aber die Strategien fehlen. Er jagt auf irgendetwas zu. Aber stimmt das Konzept? Stimmt das Ergebnis? Lohnt sich der Aufwand? Werden nicht Energien nutzlos verplempert?

In einer Zeitschrift lese ich das gute Angebot: *»Gönnen Sie sich einen Wüstentag!«* Im Lärm unseres Alltags geht die leise Stimme Gottes unter. Und weiter heißt es da: *»Ehre sei Gott in der Wüste!«* Wir kennen den Satz: *»Ehre sei Gott in der Höhe!«* Richtig. Aber in der Stille, in der Wüste, in der Einsamkeit, dort kommen wir zu uns selbst. Die Ablenkung ist gering, Bilder und Ketten von Ereignissen ziehen uns nicht fort. Wir begegnen uns selbst. Wir haben Zeit, über Ziele, Vorsätze, über Lebensmängel und falsche Weichenstellungen nachzudenken.

Viele leitende Angestellte in Firmen und Büros, die Verantwortung tragen, ziehen sich seit Jahren für einige Zeit »in die Stille« zurück. Viele Klöster in Deutschland und darüber hinaus bieten solche »Einkehrtage«, »Wochen der

Besinnung«, »Wüstentage« und »Selbsterfahrungstage« an, um den Menschen zu helfen, Zeit zu haben, über sich selbst zu reflektieren. Vielen Menschen raubt der Arbeitsstress diese Selbstbesinnung. Sie funktionieren wie ein Rädchen im Getriebe, aber es fehlt die Rückbesinnung auf das Wesentliche.

Aus der Eheberatung möchte ich ergänzen, dass viele Frauen und Männer, die um die 40 in die viel zitierte Midlife-Crisis geraten, ähnliche Probleme widerspiegeln. Sie haben glücklich geheiratet, sie haben geschuftet und gepowert, und plötzlich werden sie von Depressionen und Unzufriedenheitsgefühlen geschüttelt. Sie haben die Mitte ihres Lebens erreicht und fragen sich, ob das wirklich alles war und ob sie weiterhin ihre Lebenszeit auf diese Weise abstrampeln wollen.

- Auszeiten sind Besinnungszeiten.
- Auszeiten sind schöpferische Pausen.
- Auszeiten sind hilfreiche Augenblicke, um Arbeit und Freizeit neu zu strukturieren.

Fragen zur Selbstprüfung

- Sind in meinem Leben Arbeit und Freizeit, Anspannung und Entspannung richtig dosiert?
- Ist mein Leben sinnvoll strukturiert oder brauche ich eine Auszeit, um über Ziele, Lebenspläne und Weichenstellungen nachzudenken?
- Sind mein Gaben und meine Kräfte im Arbeits- und Lebensprozess richtig programmiert?
- Kann ich als Christ zu meinem Tagesablauf Ja sagen?

Denkanstoß 5:
Vereinfachen!
Ich halte einen Vorabdruck in Händen, der einer Zeitschrift beiliegt. Worum geht es?

»Um die Geheimnisse einfacher Unternehmensführung«, lese ich, *»um die Vereinfachung als Mega-Trend, um ›das Richtige zu tun heißt, das Richtige zu lassen‹, um das ›Entmüllen‹ einer Firma, um Verzicht zu üben, damit das Wesentliche in den Mittelpunkt rückt.«*

Der ehemalige Pfarrer und Karikaturist Werner Tiki Küstenmacher und Dr. Marc-Wilhelm Kohfink sind die Herausgeber dieses »Beratungsdienstes«. Sie schreiben an einer Stelle über die beiden reichsten Brüder Deutschlands, Theo und Karl Albrecht, Besitzer der Discounter-Kette ALDI, die als Vorbilder für die Vereinfachung genannt werden.

Theo Albrecht sagte einmal: *»Der Mensch lebt mehr von dem, was er nicht isst.«* Das Unternehmen lebt von dem, was es nicht tut.

»Verzicht«, so heißt es bei Werner Tiki Küstenmacher und Marc-Wilhelm Kohfink, *»ist die größte aller Tugenden, für ALDI bedeutet dies: Das Unternehmen lebt mehr von dem, was es nicht tut. Nämlich (…) zum Beispiel auch auf ausgeklügelte Regal-Platzierungen oder Luxus-Firmenwagen bei Mitarbeitern zu verzichten.«*[2]

Wer sein Unternehmen – und das lässt sich auch auf die Familie übertragen – glücklich machen will, muss das »Entmüllen« lernen.

In Seelsorge und Beratung höre ich von den meisten Ratsuchenden, dass ihnen die Entmüllung nicht gelingt. Sie bewahren alles auf. Sie können nicht entrümpeln (»Vielleicht kann man es in zehn Jahren noch einmal gebrauchen!«). Sie können nichts wegwerfen – was immer es auch sein mag. Alte Kleider, altes Mobiliar, altes Gerümpel verhindern, dass Regale leer werden und Platz frei wird. Horten und Sammeln verstopfen neue Möglichkeiten und behindern unsere Beweglichkeit. Horten, Sammeln und Nichtwegwerfen-können sind in der Regel sehr zeitintensiv und belasten den Menschen und die Beziehung. Die Schubladen sind voll, die Schränke sind voll – und die Herzen und Hirne sind voll.

- Wer entrümpelt, kann loslassen.
- Wer entrümpelt, kann wegwerfen.
- Wer entrümpelt, wirft Ballast ab.
- Wer entrümpelt, entdeckt neue Freiräume und neue Zeiträume.

Fragen zur Selbstprüfung

- Was hindert Sie, in Haus oder Wohnung eine sinnvolle »Entmüllung« vorzunehmen?
- Warum können Sie viele überflüssige Gegenstände, Kleidungsstücke und altes Gerümpel nicht beseitigen?
- Gehören Sie zu den Sammlern und Aufbewahrern, die glauben, dass alles irgendwann noch einmal verwertbar ist?
- Wie viel Zeit kosten Sie diese überflüssigen Dinge, die viele Wege, viele Räume und eine neue Beweglichkeit blockieren?

Denkanstoß 6: Drei Fragen zum Zeitproblem

Jedes Jahr, wenn es einen neuen Kalender gibt, trägt meine Frau drei Fragen auf der ersten Seite des neuen Kalenders ein:

- *Muss* ich das tun?
- Muss *ich* das tun?
- Muss ich das *jetzt* tun?

Diese Fragen sind drei Bremsen, die den Arbeitssüchtigen, den Schnellläufer und Ruhelosen stoppen sollen. Es sind Hilfen, den Ehrgeiz und das Gebrauchtwerden zu hinterfragen. Es sind schlichte Fragen, die meine christliche Existenz berühren.

- *Muss* ich der Macher sein?
- Bilde *ich* mir ein, dass es ohne mich nicht geht?
- Halte ich *mich* für unersetzlich?

Die Fragen bewahren vor *Eitelkeit*, vor *Selbstüberforderung* und vor *Selbstüberschätzung*. Sie regen mich an, mich vor Gott und vor mir selbst zu prüfen.

Muss ich das tun?

Muss ein Dienst, ein Vortrag oder eine Aufgabe unbedingt getan werden? Viele Anfragen und Anforderungen sind zwar interessant, aber nicht wesentlich. Sie befriedigen meinen Stolz und meine Eitelkeit, sind aber nicht lebensnotwendig.

Warum muss *ich* es tun?

Befriedigt die Aufgabe mein Anerkennungsbedürfnis? Ist die Anfrage eine Streicheleinheit für den »alten Adam«? Bin ich stolz, wenn mein Terminkalender voll ist?

Muss ich es *jetzt* tun?

Bin ich zufriedener, wenn die Lücken im Kalender gefüllt sind? Machen mich freie Zeiten und unbeschriebene Kalenderblätter unruhig? Kann ich schlecht mit freien

Stunden und freien Tagen umgehen? Muss ich gebraucht werden, um einen stabilen Selbstwert zu besitzen?

Wenn unser Minderwertigkeitsproblem groß und der Selbstwert unten ist, sind wir schnell bereit, Aufträge, Dienste, Arbeiten und Sonderleistungen zu übernehmen, die uns stressen und überfordern, weil wir beliebt sein und unser Geltungsbedürfnis aufblasen wollen.

Fragen zur Selbstprüfung

- *Muss* ich es tun, um meinen Selbstwert zu stärken und meine Eitelkeit zu befriedigen?
- Muss *ich* es tun, weil mein Anerkennungsbedürfnis gestillt werden muss?
- Muss ich es *jetzt* tun, weil ich mit freien Stunden und freien Tagen schlecht umgehen kann?

Denkanstoß 7:
Stellen Sie einen Zeitplan auf!

Ein solcher Zeitplan sollte alle wichtigen Dinge enthalten, die in Ihrem Leben eine Rolle spielen. Der Tag umfasst 24 Stunden. Menschen, denen die Zeit zwischen den Fingern zerrinnt, ist es anzuraten, über ihre Zeit genau Buch zu führen. So können sie feststellen, was notwendig und überflüssig ist. Ihnen gelingt es, ihre Prioritäten zu überprüfen. Sie erleben, wie viel Zeit sie für ihr geistliches Dasein erübrigen.

Wie viele Stunden planen Sie für Beziehungen mit der Familie, mit Partner und Kindern ein? Wie viel Zeit wollen Sie für Freundschaften und gesellige Zusammenkünfte vormerken?

Wie heißt es schon in der Bibel: »*Vergiss nicht den Tag der Ruhe; er ist ein besonderer Tag, der dem Herrn gehört. Sechs Tage in der Woche hast du Zeit, um deine Arbeit zu tun. Der siebte Tag aber soll ein Ruhetag sein. An diesem Tag sollst du nicht arbeiten, auch nicht deine Kinder, deine Sklaven, dein Vieh oder der Fremde, der bei dir lebt.*« *(2. Mose 20, 8–10)*

Wer Pläne erstellen will, sollte einmal seinen Kalender fragen, wie er beispielsweise eine Woche, vier Wochen oder ein halbes Jahr *gelebt* hat. Die Realität verrät, welche Prioritäten die Familie gesetzt hat. Der Kalender offenbart, welche Gewohnheiten von jedem Familienmitglied praktiziert wurden. Die Bestandsaufnahme macht deutlich, was der Einzelne beibehalten oder verändern will.

Der Zeitplan verrät, welche Prioritäten Sie setzen. Er verrät, ob Sie ein Workaholic sind, ein Arbeitssüchtiger, oder ob Sie ruhig arbeiten, sich Zeit lassen und genießen können. Der getriebene Mensch, der immer unter Dampf steht, der etwas leisten muss und sich beweisen und bewähren will, wird *immer* unter Zeitmangel leiden. Er muss etwas vollbringen, was immer es auch sein mag. Er kann nicht ruhig sitzen und tatenlos seine Hände in den Schoß legen. Selbst wenn er freie Zeit herausarbeitet, wird diese Zeit mit liegen gebliebenen Aktivitäten vollgestopft. Wahrscheinlich wird er den Plan benutzen, um noch effektiver und erfolgreicher arbeiten zu können.

Der Arbeitssüchtige kämpft um Anerkennung und Bestätigung. Und diese Motive sind so stark, dass er Ruhe, Entspannung und Genuss hintenanstellt. Vielfach ist er erst dann zu bremsen, wenn die Organe rebellieren.

Zweifellos sind solche Menschen endogen benachteiligt. Es bestätigt sich, dass es Persönlichkeitstypen gibt, die vom Charakter her für die Auswirkungen von negativem Stress besonders empfänglich sind.

- Nehmen wir die *Sorgenmenschen*. Sie machen sich Sorgen und brüten Eier aus, die noch gar nicht gelegt sind.
- Nehmen wir die *Schwarzseher*. Sie nehmen selbst im strahlenden Sonnenschein lediglich das Schlimmste und Schlechteste wahr.
- Nehmen wir die *Pessimisten*. Sie sitzen in der Dunkelkammer des Lebens und entwickeln Negative. Diese Menschen können sich keine Zeit gönnen. Ihnen gelingt es nicht, sich bis in die Tiefen zu entspannen. Sie suchen die Spannung und beschäftigen sich mit Befürchtungen, negativen Wahrnehmungen und realitätsfernen Ängsten. Sie besitzen eine unglaubliche Veranlagung.
- Ähnlich geht es den äußerst *ehrgeizigen Menschen* und *Perfektionisten*. Ehrgeiz und Perfektionismus sind Antriebe, die den Menschen ständig zu viel abverlangen. Es sind Selbstüberforderungsmechanismen.

Das effektivste Hilfsmittel, das Ihnen Einfluss auf die Zeit einräumt, ist die Planung.

- Planen Sie Ihren Schlaf!
- Planen Sie den ganzen Tag!
- Planen Sie Einkäufe, Essenszeiten, Erholungs- und Ruhezeiten!
- Planen Sie Ihre »stille Zeit«!
- Planen Sie Treffen mit Freunden und Verwandten!

Schlechte Planung führt zu Frustrationen, zum Hinauszögern und zur Ruhelosigkeit. Wer nicht plant, wird gelebt. Wer nicht plant, wird von inneren und äußeren Anforderungen aufgefressen.

Für Christen gilt außerdem: Gott ist ein Gott der Ordnung. Er hat einen Zeitplan. Die Bibel spricht von Plänen, die er vor Grundlegung der Welt gefasst hat. Er plant sein Werk, und er verwirklicht seinen Plan.

Und noch einmal: Zeitdruck ist in erster Linie nicht die Folge von mangelnder Planung, sondern eine Frage der Persönlichkeit. Planung deckt auf, was wir bewusst oder unbewusst anstreben. Wer plant, erfährt, welche Prioritäten er setzt. Der Zeitplan verrät, ob wir wirklich bereit sind, konstruktive Verbesserungen vorzunehmen.

Denkanstoß 8: Wartezeiten können ein Segen sein

Oder sind Wartezeiten für Sie vertane Zeit? Es stimmt schon, warten müssen ist für viele Menschen eine Qual.

- Die Ampel steht auf Rot.
- Zehn Leute stehen in der Schlange an der Kasse des Supermarktes.
- Das Wartezimmer beim Arzt ist voll.

Nur der Angler am Fluss hat die Ruhe weg. Ohne Hektik schaut er auf den Schwimmer, der ruhig auf der Wasseroberfläche liegt. Mehrere Stunden lang zupft kein Fisch am Angelhaken, keiner zerrt den Schwimmer nach unten. Der Angler jedoch ist in seinem Element, er genießt das ruhige dahinschwimmende Wasser, er genießt die ruhig dahin fließende Zeit. Angeln entstresst.

Wir sehen: Die einen können gut, die andern schlecht warten. Die einen machen sich nervös, den anderen gelingt es, Wartezeiten sinnvoll zu nutzen.

Die Werbung macht sich das zunutze und versucht, die Menschen durch geschickte Sprüche zu ködern. Ihre Botschaften lauten:

- »Nur heute!«
- »Ein Tag der Schnäppchen!«
- »Begrenzte Auflage!«
- »Solange der Vorrat reicht!«

Den Menschen wird Knappheit vorgegaukelt. Sie haben keine Zeit, lange zu überlegen, sondern geraten in Zugzwang. So wird der Mensch zur Eile gezwungen.

Wir leben in einer Zeit, in der der Zeitdruck ständig erhöht wird und die Schnelligkeit auf vielen Gebieten Triumphe feiert. Auf der anderen Seite nehmen Schwierigkeiten und Reibungen zu. Die Staus auf den Autobahnen sind ein Beispiel dafür. Der Straßenbau ist dem Verkehr nicht gewachsen. Kostbare Zeit wird im Stau vertan, kostbare Arbeitszeit geht der Wirtschaft verloren. Jeder Fahrer oder Beifahrer kann sich auf solche Störungen einstellen. Zeitschriften, CDs und Hörbücher, beruhigende Musik und Entspannungspraktiken sind Mittel, um das Warten sinnvoll zu gestalten und den negativen Stress zu verringern. Niemand muss sich verrückt machen, niemand muss die Zeit totschlagen. Jeder kann lernen, Wartezeiten sinnvoll zu nutzen.

Wie wir mit Wartenkönnen und mit der Zeit vernünftig umgehen können, schildert uns Eileen Egen in ihrem Buch »Visionen der Straße« am Beispiel von Mutter Teresa. Die Ordensschwester und Friedensnobelpreisträgerin hatte eine positive Lebenseinstellung und kümmerte sich in Indien um Sterbende und um die Ärmsten der Armen. Als ihr eines Tages ihre Mitschwestern eine Reihe von Problemen vortrugen, sagte sie: »Alles ist ein Problem, warum nennen wir die Probleme nicht Geschenke?«

Damit setzte bei den Schwestern tatsächlich ein Sprachwandel ein. Von nun an wurden aus Problemen »Geschenke«, aus Schwierigkeiten wurden »Eingriffe Gottes« und aus Widerständen »Möglichkeiten des Schöpfers«.

Eileen Egen, selbst eine Laienschwester, berichtet: »*Kurz darauf flogen wir von Vancouver nach New York. Ich erfuhr zu meiner Bestürzung, dass wir den Flug unterbrechen und lange auf die Anschlussmaschine warten mussten. Als ich Mutter Teresa von dem ›Problem‹ verständigen wollte, biss ich mir noch rechtzeitig auf die Lippen und sagte: ›Mutter, ich muss Sie über ein Geschenk in Kenntnis setzen. Wir müssen hier vier Stunden warten und Sie werden erst sehr spät im Kloster ankommen!‹ Mutter Teresa ließ sich im Flughafen häuslich nieder und las in einem Andachtsbuch, einem ihrer Lieblingsbücher.*«

Die Schwester schildert im Weiteren ausführlich, wie enttäuschende und schwierige Tagesordnungspunkte angekündigt wurden: »Heute haben wir ein besonderes Geschenk!«

Ist das Selbstbetrug? Ist das Leugnung der Realität? Oder können wir daraus vielleicht lernen, anders mit unangenehmen Wartezeiten umzugehen? Wartezeiten können in der Tat Gottes gute Geschenke für uns sein. Wartezeiten können Möglichkeiten Gottes sein, mit uns zu reden. Oder wir reden mit ihm über uns und über Menschen, die ihn brauchen, weil sie krank oder in Not sind.

Denkanstoß 9:
Wer auf »später« verschiebt, belügt sich selbst

Viele Menschen in Vergangenheit und Gegenwart waren und sind es gewohnt, spezielle Wünsche und Sehnsüchte auf später zu verschieben. Sie kennen solche Sätze doch bestimmt auch, oder?

- »*Wenn* ich eines Tages genug Geld beisammen habe, dann ...«
- »*Wenn* ich das Abitur habe, dann ... «
- »*Wenn* ich erst einmal das Haus gebaut habe, dann ...«
- »*Wenn* ich im Ruhestand bin, dann ...«

Besondere Menschen, die arbeitssüchtig sind, die ihre Hände nicht still in den Schoß legen können, die umtriebig und hektisch sind, berichten auffallend häufig über solche Wünsche und Sehnsüchte. Im Grunde belügen sie sich selbst, denn sie können jetzt nicht ausspannen, sie müssen aktiv und in Bewegung sein. Heute und jetzt wollen sie schaffen und Ziele erreichen, die sie selbst nicht eindeutig definieren und beantworten können.

Eine Geschichte, die sich schon vor einigen tausend Jahren ereignete, lohnt sich zu lesen. Montaigne schildert im 42. Kapitel des ersten Buches seiner *Essays* eine Anekdote von König Pyrrhus (dem wir die zweifelhaften »Pyrrhussiege« zu verdanken haben):

»Als König Pyrrhus den Vorsatz fasste, nach Italien überzusetzen, wollte ihm Keneas, sein weiser Ratgeber, die Nichtigkeit seines Ehrgeizes vor Augen führen. Daher fragte er ihn: ›Zu welchem Ende, o Herr, beginnt Ihr dieses große Unternehmen?‹

›Um mich zum Herrscher über Italien zu machen,‹ antwortete der König ohne zu zögern.

›Und was dann?‹, fuhr Keneas fort.

›Dann werde ich nach Gallien und Spanien ziehen.‹

›Und dann?‹

›Dann werde ich hingehen und Afrika bezwingen, zu guter Letzt, wenn ich mir die ganze Welt unterworfen habe, will ich mich zur Ruhe setzen und ein zufriedenes und behagliches Leben führen.‹

›Bei Gott, o Herr‹, erwiderte hierauf Keneas, ›sagt mir, was Euch hindert, dies, da Ihr es doch wollt, jetzt schon zu tun? Warum lasst Ihr Euch nicht von Stund an zu der Ruhe nieder, die Ihr anzustreben behauptet, wenn Ihr Euch damit all die Mühen und Gefahren ersparen könnt, die Ihr Euch vorher in den Weg legt.‹»[3]

Was hat den König Pyrrhus gehindert und was hindert uns, schon jetzt diese oder jene Sehnsüchte und Wünsche zu erfüllen? Oder sitzt uns die Botschaft der Eltern im Nacken:

- »Erst die Arbeit, dann das Spiel.«
- »Erst die Arbeit, dann das Vergnügen.«
- »Erst die Pflicht und dann die Kür.«

Im Buch Josua wird uns das schöne Wort überliefert: *»Heute erkennen wir, dass der Herr unter uns ist.« (Josua. 22, 31)*

Was können wir daraus lernen?

- Nicht morgen oder übermorgen werde ich es tun, sondern *heute*.
- Nicht, wenn ich das Leben ausgekostet habe, werde ich fromm, sondern *heute*.
- Nicht, wenn ich tausend Vorhaben erfüllt habe, trete ich langsamer, sondern *heute*.

Wenn wir heute erkennen, dass der Herr da ist, müssen Arbeitssucht, Ehrgeiz und die Sorge um das Morgen von uns abfallen. Die Ruhelosigkeit und die Angst, etwas zu vergessen, müssen schweigen, oder wir lästern mit unseren Schuftereien den Herrn, der *heute* unter uns ist.

- *Heute* folge ich ihm nach, das Morgen gebe ich an ihn ab.
- *Heute* kann ich das Tempo herunterschrauben, weil er unter uns ist.
- *Heute* preise ich seine Gegenwart und muss nicht mir, den anderen und Gott beweisen, dass es auf mich in dieser Welt ankommt.

Denkanstoß 10:
Ich muss die irrigen Ziele meines Zeitdrucks erkennen

- Zeitprobleme sind Lebensstilprobleme.
- Zeitprobleme sind Persönlichkeitsprobleme.
- Zeitprobleme werden weitgehend nicht von außen an den Menschen herangetragen, sondern sind mit dem Charakter des Menschen verknüpft.

Lebensstilprobleme spiegeln meine Grundüberzeugungen, mein Denken, Fühlen und Handeln wider.

- *Mein Lebensstil,* das ist meine Persönlichkeit mit Fehlern und Schwächen, mit Stärken und Eigenarten.
- *Mein Lebensstil,* das ist meine Weltanschauung, meine »private Logik«, und beinhaltet auch meine Glaubenseinstellung.
- *Mein Lebensstil* kennzeichnet meinen Umgang mit der Zeit.

Was sind die geheimen und versteckten Motive meines Handelns? Welche Verhaltensmuster sind das Entscheidende?

Falsches Planen beinhaltet immer auch falsches Denken. Schlechte Zeitplanung hat nichts mit Dummheit oder mangelnder Intelligenz zu tun. Schlechte Zeiteinteilung ist das Ergebnis meiner problematischen Lebensgrundüberzeugungen. Was im Prinzip geändert werden muss, ist nicht ein besserer Terminkalender, eine bessere Rationalisierung (na ja, vielleicht unter anderem auch), geändert werden müssen meine Leitmotive, meine Leitideen, meine Gesinnung.

Ein 42-jähriger Mann kam zu mir in die Beratung und sagte: »Ich bin immer unruhig, immer in Hektik und gestresst. Mein Arzt hat mir schon zwei Jahre lang Beruhigungstabletten verschrieben. Irgendetwas stimmt nicht. Außerdem komme ich ständig zu spät. Woran liegt das bloß? Ich finde nicht mehr zu einem ruhigen Leben. Und ›stille Zeit‹ habe ich auch keine mehr.«

Ich bat ihn daraufhin, mir die letzte Stunde vor der Fahrt zu mir in allen Einzelheiten zu schildern.

Diese Bitte brachte ihn zuerst sehr in Verlegenheit, aber dann berichtete er mir sinngemäß: »Es war 14.30 Uhr, als ich auf die Uhr schaute. Ich sagte mir: ›Wenn du um 15.15 Uhr losfährst, kannst du um 15.30 Uhr noch pünktlich in der Beratung sein. Dazwischenkommen darf allerdings nichts.‹ In dieser knappen Stunde habe ich noch zwei wichtige Telefonate erledigt, mit meinem Sohn seine Mathematikaufgaben besprochen, ein langes Gespräch über Taschengelderhöhung mit ihm geführt und einen Streit mit meiner Tochter gehabt, die nicht nur zur Schule, sondern auch in den Konfirmandenunterricht bauchfrei gehen will. Meine Frau hat sich rausgehalten, was mich zusätzlich geärgert hat. Ich spüre jetzt, wo ich Ihnen alles erzähle, dass uns die Ausgeglichenheit und Ruhe fehlt, Probleme ohne Zeitdruck zu lösen. Wir alle zu Hause reagieren ärgerlich, der Ton ist gereizt. Und wir gehen uns auf die Nerven. Meine Frau macht nur noch das Nötigste, lässt alles schleifen und paktiert ständig mit den zwei Kindern.«

Ich: »Sie kommen in die Beratung. Erzählen Sie bitte einmal, was Ihnen selbst auffällt?«

Er: »Unsere Familie ist zerrissen. Und meine Unruhe macht alles noch schlimmer. Ich bin ein Perfektionist und will, dass alles fehlerlos läuft. Aber mit meiner Kritik bringe ich lediglich alle gegen mich auf. Meine Nervosität zerreißt mich!«

Ich: »Sie sagten gerade, Sie sind Perfektionist und wollen, dass alles fehlerlos läuft. Was klappt denn nicht?«

Er: »Meine Frau und die Kinder unterlaufen mich. Wie

gesagt, wenn ich etwas kritisiere, wird alles noch schlimmer. Ich bin zutiefst unzufrieden. Ich will alles klären und regeln und mache mich kaputt.«

Ich: »Und wie erleben Sie Ihre Familie?«

Er: »Ich möchte gerne eine vollkommene Familie, erfahre aber genau das Gegenteil. Mein Nörgeln und Schimpfen fällt allen auf den Wecker. Meine Tochter sagte vor Kurzem mal: ›Wenn Vati nicht da ist, geht's uns allen besser!‹ Ist das nicht schrecklich?«

Wir vereinbarten einige Familiensitzungen, an denen alle Familienmitglieder teilnehmen sollten. In diesen Sitzungen gelang es dem Vater, nicht wieder anzuklagen und Frau und Kindern keine Vorwürfe zu machen. Er merkte bald, dass offenbar seine hohen Ansprüche und sein Perfektionismus für die Zerrissenheit der Familie und seine Nervosität verantwortlich waren. Diese Selbsterkenntnis imponierte seiner Frau und den Kindern. Ihr Widerstand, den sie bisher wie eine Mauer praktiziert hatten, brach zusammen. Vom Vater fiel eine Last ab, die sein Nervenkostüm aufs Äußerste strapaziert hatte. Geschickt fragte er seine Familie, wie ihm alle helfen können, um in ihrem Zuhause wieder ein Klima der Harmonie und Geborgenheit zu schaffen.

Warum handelt jemand ständig nervös? Warum ist jemand gereizt, überdreht und mit den Nerven am Ende?

Der Mann zeigte eine Reihe psychosomatischer Störungen:

- Bluthochdruck
- Schlafstörungen
- Herz-Rhythmus-Störungen
- Magen- und Darmstörungen usw.

Sind es die Umstände oder ist es der Mensch selbst? Ist es sein problematischer Lebensstil?

Der Mann bekannte vor Frau und Kindern seine Schuld. Er verteidigte weder seinen Perfektionismus noch rechtfertigte er ihn. Diese Tatsache hat im Wesentlichen dazu beigetragen, die Stimmung im Familiensystem zu verändern.

Was den Vater immer wieder zu Tränen rührte, war die Tatsache, dass seine beiden Kinder nun freiwillig Pflichten übernahmen, die sie bisher aus Trotz und Rebellion abgelehnt hatten. In der Beratung überlegten wir, wie der Vater darauf reagieren sollte. Es fiel ihm äußerst schwer, sich bei seiner Tochter und seinem Sohn mit einer Umarmung zu bedanken. Aber schließlich tat er es.

Auch das Glaubensleben erfuhr in der Familie eine Veränderung. Bislang war der Mann der Meinung, dass Kinder den Eltern Gehorsam schuldeten, weil sie Vater und Mutter im Sinne des vierten Gebotes achten, ehren und lieben sollten. Aus Rebellion gegen den Vater hatten sich seine Kinder aus der Jugendgruppe der Gemeinde verabschiedet. Der Sohn war der Erste, der wieder Kontakt suchte und auf Vorschlag des Pastors sogar eine Kindergruppe übernahm.

Bei der Frau dauerte es am längsten, bis sie mit ihrem Mann wieder eine normale Beziehung pflegen konnte. Sie war bis in die Tiefen verbittert und hatte einige Male die Scheidung vom Partner erwogen. Seinen Perfektionismus empfand sie als übermoralisch und selbstherrlich. Es waren viele Einzelgespräche mit dem Ehepaar notwendig, um die falschen Erwartungen, die mit Perfektionismus verbunden sind, zu verringern. Die Frau war nicht bereit, sonntags mit ihrem Mann in den Gottesdienst zu gehen, solange nicht alle Probleme zwischen ihnen geklärt waren. Es dauerte fast ein Jahr, bis diese Ehekonflikte zwischen dem Ehepaar ausgeräumt waren. Die beiden waren 18 Jahre miteinander verheiratet, die Frau kannte ihren Mann und war skeptisch, ob er seine überhöhten Forderungen an andere und sich selbst wirklich ablegen könnte.

Es gab einige kritische und böse Rückfälle. Die alten Muster lebten wieder auf und brachten den Ehe- und Familienfrieden zum Platzen. Aber immer wieder erinnerten sich alle an das ehrliche Schuldbekenntnis des Vaters und an das Versprechen aller Familienmitglieder, einen Neuanfang zu wagen.

Der Vater holte am Abend eines Sonntags, nachdem tagsüber die Streitigkeiten wieder einmal eskaliert waren, die ganze Familie zusammen und erklärte allen sein Versagen und dass sein hohes Anspruchsdenken ihn wieder wütend gemacht hätte. Er entschuldigte sich bei Frau und Kindern und nahm jeden in den Arm. Er sagte zu ihnen: »Mein Perfektionismus und mein Anspruchsdenken machen mich und die Familie krank. Ich will und werde es mit eurer und mit Gottes Hilfe überwinden.«

Die Frau gestand zum ersten Mal vor dem Mann und vor den Kindern: »Ich habe mit meiner ganzen Person gegen meinen Mann und gegen Gott rebelliert. Ich wollte einige Male aus der Ehe ausbrechen. Ich spüre seit Langem wieder Liebesgefühle. Jetzt glaube ich, dass vieles besser werden kann.«

Nach diesem Rückfall fanden noch zwei Familiensitzungen statt, und zwar im Abstand von vier Wochen. Die beiden Teenager hatten den Mut und die Kraft, den Vater liebevoll auf seine ständige Selbstüberforderung aufmerksam zu machen. Sie übernahmen aber auch abgesprochene Aufgaben und Pflichten und gaben ihre Rebellion, besonders gegen den Vater, auf. Die Frau gewann durch ihre innere Umstellung ein neues Verhältnis zu ihrem Gatten. Der Machtkampf, der bisher laut und leise geführt worden war, brach zusammen. Der Vater erlebte am Ende der Beratung, dass die Dosis seiner Bluthochdrucktabletten gesenkt werden konnte und dass die Burn-out-Symptome zurückgingen.

Das Beratungsbeispiel macht deutlich:

- Wenn die Betroffenen ihre Fehler und Schwächen voreinander und vor Gott einsehen,
- wenn die Betroffenen ernsthaft an ihren Fehlverhaltensmustern arbeiten,
- wenn die Betroffenen mit Rückfällen rechnen, die leider immer wieder geschehen, und
- wenn die Betroffenen sich liebevoll und nicht hässlich auf ihre Schwächen aufmerksam machen,

dann geschieht für den Einzelnen und für das Zusammenleben ein Umschwung.

Deutlich wird auch:

Ehrgeizige Menschen bringen sich Zeit ihres Lebens unter Zeitdruck. Ihr Ehrgeiz stachelt sie an, andere Menschen zu überholen. In kurzer Zeit sollen Projekte geplant, entworfen und angefertigt werden. Ehrgeiz ist ein Treibsatz, schneller, besser und günstiger zu sein. Er raubt den Menschen die Ruhe. Sie können nicht still sitzen, nicht spielen und etwas tun, das keinen bestimmten Zweck hat. Ehrgeiz macht häufig friedlos und unzufrieden. Der größte Erfolg kann nur einen Augenblick genossen werden, dann müssen bereits neue Aufgaben und neue Ziele her. Ehrgeiz ist eine Lebensgier, die den Menschen von morgens bis abends auf Trab hält. Der Ehrgeizige fühlt sich wie ein Hamster im Laufrad. Er scheint das Goethewort verinnerlicht zu haben: *»Wer immer strebend sich bemüht, den können wir erlösen.«*

Umtriebige Menschen sind Zeitgenossen, die ständig in Bewegung sind. Sie sind immer unterwegs, können nicht lange still sitzen. Neugier kennzeichnet ihr Leben. Sie wollen und müssen Neues kennenlernen. Sie verhalten sich so, als säße ihnen eine unerkannte Angst im Nacken. Viele rasen durch die Welt. Neue Abenteuer, neue Eindrücke und neue Erlebnisse bringen sie auf andere Gedanken.

- Fliehen Sie vor der Leere, die Sie nicht aushalten können?
- Fliehen Sie vor der Sinnlosigkeit, die Sie einholen könnte?

Arbeitssüchtige Menschen kennen nur ein Ziel: ihre Arbeit. Arbeit ist ihr Lebenssinn. Sie verwirklichen sich durch Arbeit. Sie bestätigen sich durch Arbeit. Ohne Arbeit fühlen sich diese Menschen überflüssig und wertlos. Von daher sind sie immer tätig. Sie müssen etwas vorzuweisen haben, das ihnen Bestätigung verleiht. Was dem Morphinisten sein Morphium ist dem Arbeitssüchtigen die Arbeit. Ohne Arbeit bekommt er Entzugserscheinungen.

Für manche von ihnen sind die Wochenenden belastend. Die Beschäftigung mit Frau und Kindern bringt ihnen keine Anerkennung. Sie fühlen sich unwohl und unausgefüllt.

Wenn es sich um Männer handelt, sind die Frauen unglücklich, weil sie es mit Partnern zu tun haben, die im Grunde genommen eine tüchtige Hausgehilfin benötigen, aber keine Ehefrau. Diese Männer wollen betreut, aber nicht geliebt werden. Sie wollen versorgt, aber nicht emotional umworben werden. Von daher stöhnen diese Menschen ständig, dass sie keine Zeit haben und viele soziale und geistliche Pflichten vernachlässigen.

Arbeitssüchtige Menschen haben es sehr schwer, ihre fragwürdigen Ziele zu korrigieren. Sie sehen ihren Wert in Frage gestellt, wenn sie erheblich kürzertreten sollen. Sie wollen gesehen, gehört und bewundert werden. Sie geben ihr Letztes – oft aber auch ihre Gesundheit.

Geltungssüchtige Menschen leiden in der Regel unter

großen Minderwertigkeitsproblemen. Sie wurden vernachlässigt, übersehen oder sind im Leben aus verschiedenen Gründen zu kurz gekommen. Ihre wirklichen oder eingebildeten Minderwertigkeiten versuchen sie durch Geltungssucht auszugleichen. Sie drehen auf, um zu glänzen. Sie wollen und müssen sich darstellen. Ihre Aktionen dienen der Selbstdarstellung. Ihre Zeit ist immer verplant, weil sie fortlaufend unterwegs sind, um ihrer Geltungssucht zu frönen.

Vier Typen habe ich genannt, die in ihrem Erscheinungsbild aber ähnlich agieren. Sie sind in der Regel übertrieben aktiv, verausgaben und überfordern sich. Lediglich ihre unbewussten Motive sind verschieden. Die einen wollen ihre Minderwertigkeitsgefühle ausgleichen, andere wollen führen und den Ton angeben, wieder andere wollen vollkommen und perfektionistisch leben. Und es gibt Menschen, die wollen übermoralisch und fehlerlos durchs Leben gehen.

Fragen zur Selbstprüfung

- Bin ich überhaupt bereit, meinen bisherigen Lebensstil, der durch Zeitdruck und Hektik gekennzeichnet ist, zu überprüfen?
- Welche bewussten oder unverstandenen Motive steuern mich, übertrieben aktiv mein privates oder berufliches Leben zu gestalten?
- Welche persönlichen oder zwischenmenschlichen Bereiche vernachlässige ich, die durch meinen Zeitdruck aus dem Gleichgewicht geraten sind?

Denkanstoß 11:
Die Zukunft oder der Zukünftige

Eine Zeit, die den Menschen heute beschäftigt, die aber auch den Menschen der Antike bereits nicht losgelassen hat, ist die *Zukunft*.

- Was wird morgen sein?
- Was wird einmal sein?
- Was wird aus uns werden?

Die Frage nach der Zukunft ist eine Frage nach dem Ziel unseres Lebens. Das Ziel darf kein nebulöses Etwas sein, keine abstrakte Wahrheit oder ein Prinzip, das nur zu Gedankenspielereien reizt. Die Frage nach der Zukunft muss unsere Lebenszeit heute voll und ganz erfüllen und ausfüllen. Unsere Zeit ist nur sinnvoll, wenn unsere Zukunft klar definiert ist, wenn unsere Zukunft die Reise wert ist. Mein Heute wird vom Ziel der Zukunft bestimmt. Wer der Zukunft vertraut, investiert ins Heute.

Christen fragen nicht danach, *was* kommt, sondern *wer*. Sie fragen nicht danach, welche Ideologie uns vor dem Verderben retten kann. Christen fragen, was der Herr der Vergangenheit, Gegenwart und Zukunft in der Hand hält und uns verheißen hat.

Wer sich selbstgezimmerte Hoffnungen macht, belügt sich selbst. Er kann sich dem Glücksspiel verschreiben und sich an einem Strohhalm festklammern. Er kann den Paradiesversprechungen vertrauen, die das wahrhaftige Schlaraffenland versprechen. Wir leben von der Hoffnung.

Bert Brecht war anderer Meinung. Er dichtete knapp und deprimierend: *»Ich gestehe es: Ich habe keine Hoffnung. Die Blinden reden von einem Ausweg. Ich sehe. Wenn die Irrtümer verbraucht sind, sitzt als letzter Gesellschafter mir das Nichts gegenüber.«*

Für Bert Brecht sind Christen Blinde, die von »einem Ausweg reden«. Er, der Sehende, schaut auf das Nichts.

Aber es stimmt nicht! Als letzter Gesellschafter sitzt uns nicht das Nichts gegenüber, sondern Christus, unsere Hoffnung, unsere Zukunft. Christus ist kein Prinzip, sondern eine Person, nicht eine Ideologie, sondern ein lebendiges Wesen.

In der Seelsorgepraxis und in der Beratung sind mir in den letzten Jahren und Jahrzehnten immer wieder Menschen begegnet, die von Resignation, Pessimismus, Selbstzweifel und Sinnlosigkeitsgefühlen heimgesucht wurden. Sie hatten kein Ziel, keinen Sinn und keine Lebensperspektive. Viele lebten und vegetierten einfach nur so vor sich hin. Und weil sie keinen Sinn im Hier und Jetzt fanden, hatten sie auch keine Zukunft. Ich kann den Gedanken selbstverständlich auch umkehren: Weil sie keine Zukunft hatten, scheiterten sie in der Gegenwart.

Niemand muss um die Zukunft kämpfen. Am Kreuz auf Golgatha wurde unsere Zukunft entschieden. Wer also um eine gesicherte Zukunft weiß, wird niemals resigniert die Hände in den Schoß legen. Er ist gerüstet für die Gegenwart.

Die No-Future-Generation hat es schwer, die Gegenwart zu meistern. Sie ist nicht motiviert und zeigt kein Engagement. Sie hat alle Erwartungen begraben oder läuft sehnsüchtig Heilsbringern nach, die ihr Illusionen und Träume versprechen.

In seinem Buch »Entweder – Oder« schreibt Sören Kierkegaard in einem Fragment über die Spinne: *»Was wird kommen? Was wird die Zukunft bringen? Ich weiß es nicht, ich ahne nichts. Wenn eine Spinne von einem festen Punkt her sich herunterwirft in die Fäden, die sie nach sich zieht, dann sieht sie immer nur einen dunklen Raum vor sich, in dem sie keinen Fuß fassen kann, wie viel sie sich auch spreizen mag.«*

Kierkegaard weiß, wenn ich in das finstere Tal vorstoße oder wie die Spinne in einen »dunklen Raum« komme, ich hänge am Faden und bin nicht haltlos. Ich kann nicht nur schwimmen. Ich bin wie die Spinne angeseilt. Wohin ich auch geworfen werde, er, der Herr, geht mit. Eine wunderbare Verheißung!

Denkanstoß 12:
»Dialog der Gelassenheit«
Ungezählte Menschen, die sich unter dem Diktat der Uhr erleben, sehnen sich nach Gelassenheit. Sie stehen unter Spannung, leiden unter Hektik.

- Sie erleben keine innere Ruhe und Ausgeglichenheit.
- Sie fühlen sich vereinnahmt und gelebt.

Nicht nur der Durchschnittsmensch von heute hat Probleme mit der Gelassenheit, sogar Papst Johannes XXIII. hat sich konkret mit der Gelassenheit beschäftigt und zehn nachdenkliche Gebote verfasst, die ihn ruhiger und gelassener machen sollten. Diese Gebote waren nicht nur für den Papst hilfreich, einige Thesen können jedem gestressten Menschen helfen, glücklicher und zufriedener Arbeit, Freizeit und Privatleben zu genießen.

Papst Johannes XXIII. hatte oft mit sich selbst Schwierigkeiten. Dann sagte er sich immer: *»Nimm dich nicht so wichtig!«* Sein selbst formulierter »Dialog der Gelassenheit« lautet:

»1. Nur für heute werde ich mich bemühen, den Tag zu erleben, ohne das Problem meines Lebens auf einmal lösen zu wollen.

2. *Nur für heute werde ich mich den Gegebenheiten anpassen, ohne zu verlangen, dass sich die Gegebenheiten an meine Wünsche anpassen.*
3. *Nur für heute werde ich etwas tun, wozu ich eigentlich keine Lust habe.*
4. *Nur für heute werde ich nicht danach streben, die anderen zu kritisieren oder zu verbessern – nur mich selbst.*
5. *Nur für heute werde ich in der Gewissheit glücklich sein, dass ich für das Glück geschaffen bin.*
6. *Nur für heute werde ich eine gute Tat vollbringen.*
7. *Nur für heute werde ich zehn Minuten meiner Zeit einem guten Buch widmen.*
8. *Nur für heute werde ich keine Angst haben.*
9. *Nur für heute werde ich ein genaues Programm aufstellen. Vielleicht halte ich mich nicht genau daran, aber ich werde es aufsetzen. Und ich werde mich vor zwei Übeln hüten: vor der Hetze und vor der Unentschlossenheit.*
10. *Nur für heute werde ich glauben, selbst wenn die Umstände das Gegenteil zeigen sollten, dass Gott für mich da ist, als gäbe es sonst niemanden auf der Welt.*

    Ich will mich nicht entmutigen lassen durch den Gedanken, ich müsste dies alles mein ganzes Leben lang durchhalten. Heute ist es mir gegeben, das Gute während zwölf Stunden zu verwirklichen.«

Eine große Hilfe ist die Betonung des *Heute*. Wer sich ständig Gedanken über das Gestern und die Vergangenheit macht, belastet sich unnötig. Jesus sagt es unmissverständlich: *»Wer seine Hand an den Pflug legt und sieht zurück, der ist nicht geschickt zum Reiche Gottes.«*

Wir leben im Heute und schauen nach vorn. Wer rückwärts schaut, kann nicht pflügen, kann die Gegenwart nicht meistern.

Ähnlich ist es mit den Sorgen, die morgen auf uns

zukommen. »*Wer eine Sorgenfabrik unterhält, lebt wie ein Heide*«, sagt Jesus.

Wer die *Vergangenheit* ruhen lassen kann und das *Morgen* getrost in Gottes Hände legt, kann *heute* befreiter und gelassener mit allen Aufgaben und Schwierigkeiten fertigwerden.

Denkanstoß 13: Wir machen die Rechnung ohne den Wirt

Sie kennen die Volksweisheit: »*Wir machen die Rechnung ohne den Wirt.*«

Der Soziologe Eugen Rosenstock-Huessy hat uns eine nachdenkliche Geschichte hinterlassen.

»Ein Berliner Bankier hatte eine geschäftliche Besprechung mit einem Industriellen. Nachdem die beiden Herren einige Stunden miteinander verhandelt hatten, stellten sie fest, dass sie noch eine weitere Besprechung brauchen würden.

Der Industrielle zog seinen Terminkalender. ›Tja‹, sagte er, ›das sieht ja dumm aus. Jetzt haben wir Anfang Januar, und ich habe bis April buchstäblich nicht eine freie Minute mehr. Sie wissen ja, wie das ist, Sitzungen, Sitzungen, Sitzungen. Der nächste freie Tag ist wirklich erst am 17. April. Zu dumm! Aber was soll man machen? Passt Ihnen der 17. April?‹

Der Bankier, gelangweilt durch so viel Wichtigtuerei, sagte: ›Tut mir leid. Am 17. April habe ich meine Beerdigung.‹«

Die Antwort des Bankiers ist herausfordernd. Wer so über seine Zeit verfügen will, spielt sich zum Herrn über Leben und Tod auf.

Zeitprobleme sind Persönlichkeitsprobleme. Sie spiegeln Menschen wider, die ehrgeizig, umtriebig, arbeitssüchtig und karrierebewusst sind.

- Zeit ist für sie Geld.
- Zeit ist für sie Prestige.
- Zeit ist für sie Macht und Einfluss.

Wer bestimmt über unser Leben – Gott oder der Terminkalender?

Wer verfügt über meine Zeit – Gott oder der Terminkalender?

In der Lyrik der ehemaligen DDR gab es ein bezeichnendes Lied:

»Ohne Gott und Sonnenschein
fahren wir die Ernte ein.
Ohne Gott und sein Geleit
planen wir die Lebenszeit.«

Wer die Zeit verplant und die Rechnung ohne den Wirt macht, wird sein blaues Wunder erleben. Wer sich Zeit gönnt und seine Zeit von Gott und mit ihm bestimmen lässt, kommt zur inneren Ruhe. Er wird gelassen und hat nicht die Faust der Zeitnot im Nacken.

Denkanstoß 14: Gott hat die Zeit geschaffen, von Hektik hat er nichts gesagt

Eines Tages fragte eine geschäftige Ameise ihre weise Königin: »Heute bin ich eine erfahrene, arbeitsame und alte Ameise. Viele Quadratkilometer habe ich schon die Erde erkundet, aber niemals bin ich dem Schöpfer, der alles so wunderbar geschaffen hat, begegnet. Er soll die grünen Wälder, die bunten Felder und unseren Staat wunderbar aus dem Nichts erschaffen haben. Wo begegne ich diesem einmaligen Wesen?«

Die Königin dachte einen Augenblick nach und sagte zu der Ameise: »Du bist in der Tat eine erfahrene Ameise, sehr arbeitsam und hast viele Quadratkilometer Erde erkundet. Aber du bist zu geschäftig und zu aktiv. Halte deine Beine und Arme still. Ruhe dich aus. Der Schöpfer hat nicht nur die Welt geschaffen, sondern auch die Zeit. Du wirst ihn bewundern, wenn du dir Zeit nimmst.«

Der Ameise fiel es unendlich schwer, inaktiv und still zu werden. Ihre Beine zitterten und rumorten und waren immer unruhig, wenn sie bewegungslos am Körper lagen. Aber dann kehrte Stille ein und die Ameise hatte Zeit, ihre Welt zu bewundern. Sie hörte das Zirpen der Grillen, das Summen der Biene, den Flügelschlag des Schmetterlings, das Singen der Vögel, das Tschilpen der Spatzen, das Krächzen der Elstern und das Rauschen des Windes in den Blättern und Gräsern.

Die Wunder überwältigten die Ameise. Bisher war sie geschäftig und aktiv an den Wundern und seinem einmaligen Schöpfer vorbeigelaufen.

Wie wahr, so ist es wohl!

- Wenn wir die Aktivität bremsen,
- wenn wir die Hektik einstellen,
- wenn wir ruhig und still werden,
- wenn wir die Zeit, die Gott geschaffen hat, genießen,
- wenn wir die Pläne im Gehirn abschalten
- und wenn wir zeitlos die Natur auf uns wirken lassen,

dann fallen Hektik und Unruhe von uns ab, dann kehren Besinnung und Stille in unser Herz ein und dann kann der lebendige Gott mit uns reden, weil er nur an einer »stillen Stelle seinen Anker auswirft«.

Lohnend ist auch der sogenannte »Mikroschlaf«. »*Was wir früher ein gemütliches ›Nickerchen‹ genannt haben, bezeich-*

net man heute in der wissenschaftlichen Schlafforschung als ›Mikroschlaf‹«, schreiben Werner Tiki und Marion Küstenmacher.[5]

Der Mikroschlaf ist hilfreich. Unsere verbrauchten Batterien im Gehirn werden wieder aufgeladen. Mentale Reserven werden mobilisiert, die Stimmung und das Lebensgefühl steigen. Der Mikroschlaf (günstig sind vier bis 20 Minuten) macht den Menschen um 15 % geistesgegenwärtiger, hilft ihm, weniger Fehler zu machen, weniger Angst und eine bessere Laune zu haben. Damit sind die kleinen Mittagsschläfchen richtige Energiespender und Fitmacher. Die Autoren erwähnen, dass Menschen ihr Herzinfarktrisiko so um 30 % senken könnten.

In der Tat: Gott hat die Zeit geschaffen, von Hektik hat er nichts gesagt.

Denkanstoß 15:
Haben Sie die Zeit im Griff?

Die These eines modernen Zeitmanagers lautet: »Nur wer die Zeit im Griff hat, hat sein Leben im Griff.«

- Sie können alles im Griff haben, aber nicht die Zeit.
- Sie können über alles verfügen, aber nicht über die Zeit.
- Sie mögen über ein Land verfügen, aber nicht über die Zeit.

Jeder Mensch muss sich klarmachen, ob er das akzeptieren kann: *»Meine Zeit steht in deinen Händen.«* Gott hat den Menschen geschaffen, aber auch die Welt und die Zeit. In seinen Händen ruhen wir und die Zeit.

Allerdings: Wenn wir uns selbst im Griff haben, können

wir kompetenter und produktiver mit der Zeit umgehen. Sicherlich: Wir können zu Recht das Gefühl haben,

- wir lebten nicht zeitgemäß,
- wir seien nicht auf der Höhe der Zeit,
- wir könnten mit der Zeit nicht mithalten,
- wir wären auf der Suche nach der verlorenen Zeit.

Aber es liegt nicht an der Zeit, es liegt an uns. Hier und da helfen die Zeitplaner und bestimmte Methoden des Zeitmanagements ein wenig. Aber immer wieder geht es um den Menschen, der sie bedient. Wer nicht an sich arbeitet, dem helfen auch die besten Zeiteinteilungsinstrumente nicht.

Viele leben nicht bewusst. Sie werden gelebt, und zwar

- durch andere Menschen,
- durch die Umstände,
- durch Strukturen,
- durch Preisgabe ihrer Entscheidungsfähigkeit.

Sie haben ihr Leben nicht im Griff, lassen sich führen und manipulieren. Sie verzichten auf eigene Entscheidungen. Im Hintergrund steckt eine tiefe Enttäuschung über den lebendigen Gott. Alle Anstrengungen haben sie aufgegeben, verantwortlich für ihr Leben zu handeln. Solche Resignation macht unzufrieden. Der Mensch wird zum Spielball von Kräften und Mächten.

»Wir bringen unsere Jahre zu wie ein ›Geschwätz‹«, heißt es in Psalm 90.

- Das Leben fließt nutzlos dahin.
- Das Leben bleibt ohne Inhalt.
- Das Leben ist eine sinnlose Aneinanderreihung von Jahren.

Wer dagegen dem lebendigen Gott vertraut, korrigiert seine Lebensauffassung. Die Resignation verfliegt und der Lebensmut kehrt zurück. Die Hoffnungslosigkeit verschwindet, weil eine personifizierte Hoffnung die Person erfasst. Dieser Mensch geht anders mit der Zeit um. Er nimmt jede Stunde und jeden Tag als Geschenk aus Gottes Hand.

Der Umgang mit der Zeit ist eine Persönlichkeitsfrage.

- Der Gleichgültige geht gleichgültig mit der Zeit um.
- Der Oberflächliche geht oberflächlich mit der Zeit um.
- Der Gewissenhafte geht gewissenhaft mit der Zeit um.
- Der Sparsame geht sparsam mit der Zeit um.
- Der Berechnende geht berechnend mit der Zeit um.
- Der auf Gott Vertrauende nimmt vertrauensvoll die Zeit aus Gottes Händen.

Fragen zur Selbstprüfung

- Welche Persönlichkeitseigenarten prägen Ihr Wesen?
- Welche Charaktereigenarten bestimmen Ihr Verhalten?
- Welche Lebensgewohnheiten kennzeichnen Ihren Umgang mit der Zeit?

Wer sich einbildet, die Zeit im Griff zu haben, denkt überheblich. Wer versucht, die Zeit im Griff zu haben, versucht, Gott die Zügel aus der Hand zu nehmen.

Denkanstoß 16:
Wo mein Herz ist, da ist meine Zeit

Diese Aussage kennzeichnet unser Leben, ob wir Christ sind oder nicht. Sie ist ein Maßstab für Aktivität und Passivität, für Vorlieben und für Dinge, die wir vernachlässigen.

Es stimmt: Wofür mein Herz schlägt, dafür bin ich offen, dafür opfere ich Zeit. Wofür mein Herz schlägt, dafür lasse ich mich anwerben, dafür stelle ich gern andere Interessen zurück.

- Mein Herz ist das Zentrum meiner Person.
- Mein Herz bestimmt mein Leben.
- Mein Herz ist die Zentrale meiner Anschauungen und Einstellungen.

Darum bestimmen meine Herzensanliegen meine Zeit.

Wir wollen uns einmal selbst fragen: Woran hängen wir unser Herz, an die Arbeit, an den Hausbau, an die Karriere, an die Familie? Was ist uns ein Herzensanliegen? Was ist uns ans Herz gewachsen? Und vor wem verantworten wir unsere Planungen?

Der Mensch ohne Gott lässt in der Regel seine Wünsche und selbstsüchtigen Ziele sprechen. Er will sich selbst verwirklichen.

Wenn wir Bilanz gezogen haben, müssen wir neue Prioritäten setzen. Wenn ich an das erste Gebot denke, jagt es mir einen Schrecken ein: *»Ich bin der Herr, dein Gott, du sollst nicht andere Götter neben mir haben.«* Arbeit, Karriere und Hobbys können solche Götter sein. Ihnen opfere ich die Energien meines Lebens. Ihnen opfere ich meine Zeit.

Jesus bringt es im Neuen Testament auf den Punkt: *»Denn wo dein Schatz ist, da ist auch dein Herz.« (Matthäus 6, 21)*

- Wo dein *Hauptinteresse* liegt, da bist du mit deinem Herzen dabei.
- Wo deine *Lieblingsbeschäftigung* ihren Platz hat, da hörst du auf die Stimme deines Herzens.
- Wo deine *Hauptlebensüberzeugung* dein Verhalten bestimmt, da gibt dein Herz den Ton an.

Das Herz ist die Werkstatt für gute und böse Aktivitäten. Es ist das Studio, in dem konstruktive und destruktive Ideen ausgebrütet werden. Aber die Frage bleibt: Wer hat das Herz besetzt? Wer hat im Herzen das Sagen?

Wenn unsere Wünsche, unsere Bedürfnisse und unsere egoistischen Ziele dieses Schaltzentrum bestimmen, dann bleiben vermutlich die anderen auf der Strecke. Dann stehen wir pausenlos unter Zeitdruck. Wenn dagegen der Herr aller Herren den Ton angibt, dann wird die Prioritätenliste eine andere sein. Dann haben wir Zeit für den Partner, für die Kinder, für Gespräche mit Gott und werden nicht von Terminen zerrieben.

- Gott moderiert mein Leben.
- Gott verfügt über meine Zeit.

In einem Buch las ich, dass die indianische Weisheit ein schönes Bild für den Menschen hervorgebracht hat. Danach ist jeder Mensch wie ein Haus mit vier Zimmern.

- Es gibt einen *physischen* Raum.
- Es gibt einen *mentalen* Raum.
- Es gibt einen *emotionalen* Raum.
- Es gibt einen *spirituellen* Raum.

Alle Räume werden unterschiedlich beansprucht. Im Leben geht es nun darum, aus den »Zimmern« ein Gleichgewicht für den ganzen Menschen herzustellen. Die Autoren schreiben in ihrem Buch: *»Erforschen Sie Ihre eigenen inneren Zimmer durch eine kleine Meditation. In welchem Raum verbringe ich momentan die meiste Zeit des Tages? In welchem habe ich mich die meiste Zeit meines Lebens aufgehalten? Welchen Raum mag ich besonders gern? In welchem Raum liegen alte Lasten, unnötiger Ballast aus früheren Tagen, den ich hinausschaffen könnte?«*[6]

Die Meditation kann ergeben, welcher Raum meines Lebenshauses zu kurz kommt. Wie lauten die versteckten oder offenen Motive dafür, dass ich einen oder mehrere Räume vernachlässige?

Denkanstoß 17:
Wer betet, strukturiert die Zeit neu

- Wer betet, setzt andere Prioritäten.
- Wer betet, trennt Wesentliches vom Unwesentlichen.
- Wer betet, teilt die Zeit sinnvoller ein.

Die russische Philosophin Tatjana Goritschewa, die mit 26 Jahren Christin wurde und heute in Paris lebt, schreibt: *»Für einen Materialisten gibt es die Zeit selbst nicht, er hat nie Zeit, er, der mit tausend Sachen Beschäftigte ist nicht durch das unaufhörliche Gebet mit Jesus Christus vereint; nein, er bleibt in der teuflischen Hast. Jeder, der gern betet, weiß, dass Zeit keine Sache ist, keine von Menschen bestimmbare Wirklichkeit wie der Raum. Hier im Kloster habe ich immer mehr Zeit gehabt als in der Welt, und ich schaffe auch viel mehr. Wahrhaftig, die Zeit läuft hier langsamer, aber in dieser Langsamkeit ist keine Verschlafenheit, keine Kraftlosigkeit. Diese in die Ewigkeit hineinfließende Zeit ist dauerhaft, tief, intensiv.«*[7]

Tatjana Goritschewa hat im Kloster erlebt, dass die Zeit langsamer fließt. Und der Ordenspriester Anselm Grün spricht in einem seiner Bücher vom »Engel der Langsamkeit«. Er formuliert es so: *»Die Eile hat der Teufel erfunden. Das weiß ein türkisches Sprichwort. Der Engel der Langsamkeit kann uns an diese himmlische Qualität erinnern. (…) Langsam gehen, bewusst jeden Schritt spüren, sich nicht antreiben lassen – durch nichts –, das lässt uns ganz im Augenblick sein, das führt zu intensivem Erlernen und zu innerem Frieden. Langsamkeit hat eine eigene Schönheit. (…) Der Engel der Langsamkeit möchte dich einführen in die Kunst, zu sein, intensiv zu leben. Probiere es einfach einmal, bewusst langsamer zu gehen. (…) Und du kannst Gott danken mit dem Psalm 139: Ich danke dir, dass du mich so wunderbar gemacht hast (Psalm 139,14). So will dich der Engel der Langsamkeit zu einem bewussten und achtsamen Leben anleiten und dich in die Kunst einweisen, dein Leben als beständiges Fest zu feiern.«*[8]

In der Tat, der Teufel hat die Eile erfunden. Der gnadenlose Druck, das Tempo und die Schnelligkeit haben zwar viele ökonomische Vorteile gebracht, aber dem Menschen kein Glück, keine Zufriedenheit und keinen inneren Frieden beschert. Statt Hektik und Beschleunigung brauchen wir dringend *Entschleunigung*.

Mit 92 Jahren starb Anfang Oktober 1996 Heinz Rühmann, der bedeutende deutsche Schauspieler. In einer Show bei Thomas Gottschalk hatte er kurz vor seinem Tode gesagt: *»Das Alter ist ein Segen. Ich bin dem lieben Gott dankbar. In den letzten Jahren habe ich Dinge erlebt, die ich so nicht kannte. Ich sehe eine Blume oder eine Rose anders als früher. Ich bin hellhöriger geworden. Ich merke neue Töne. Und: Man wird auch gläubiger.«*

Viele Menschen werden gelebt, durch andere Menschen, durch die Umstände, durch Strukturen und durch die Arbeit. Sie haben sich verplanen lassen.

Und wir? Was tun wir? Welche Prioritäten setzen wir? Können wir uns von Gott eine neue Zeiteinteilung schenken lassen?

Denkanstoß 18:
Wir sollen zur Ruhe kommen

Im Hebräerbrief spielt die »Gottesruhe« eine große Rolle.

- Christen sollen zur Ruhe kommen.
- Christen sollen zum Frieden kommen.
- Christen sollen Unruhe und Hektik hinter sich lassen.

Bischof Augustinus, der in der frühen Phase der Christenheit lebte, hat schon damals das Unruhepotenzial des Menschen erkannt, als er formulierte: *»Das Herz ist unruhig, bis es Ruhe findet in dir.«*

Die Seele des Menschen ist umtriebig. Sie will alles kosten und ausprobieren. Sie sucht das Glück oder das, was sie dafür hält. Der Mensch sucht die Erfüllung seines Daseins oder was er für die Erfüllung hält.

- Diese Suche lässt ihn unterwegs sein.
- Diese Suche treibt ihn durch die Welt.
- Diese Suche strapaziert Leib und Seele.

Der Mensch ist unglücklich und unzufrieden. Er rennt von Quelle zu Quelle und erwartet ständig das wahre Lebenselixier, das ihn satt und gelassen macht. Hat er es nicht gefunden, jagt er weiter. Er spürt nicht, dass er ein Getriebener ist. Viele machen sich nicht klar, dass das Getriebensein unterschwellig verläuft. *»Heute, wenn ihr seine Stimme hören werdet, so verstockt euer Herz nicht. Es ist also noch eine Ruhe vorhanden für das Volk Gottes. Denn wer zu Gottes Ruhe* *gekommen ist, der ruht auch von seinen Werken, so wie Gott von den seinen.« (Hebräer 4, 7, 9+10).* So formulierte der Apostel Paulus das Ziel des Menschen.

Der Mensch, der Gottes Stimme hört, kann die tausend Stimmen, die in den Medien zur Sprache kommen, großzügiger behandeln. Vieles kann er leichter überhören, weil er nicht alles ausprobieren und erlebt haben muss. Wer den Sinn seines Lebens gefunden hat, kann sein Tempo drosseln. Er muss nicht mit hängender Zunge hinter jedem Abenteuer herhecheln. Wer gefunden hat, schaltet einen Gang zurück. Die Lebenserfüllung dämpft die Umtriebigkeit. Die Zufriedenheit schenkt Gelassenheit.

Viele Christen, die nicht mehr im Erfolgs- und Karrierestreben den Sinn ihres Lebens sehen, die in Gott zur Ruhe gekommen sind, haben das Tempo ihres Lebens heruntergeschraubt. Dazu mussten sie sich nicht zwingen. Niemand musste sie dazu überreden. Das Glaubensleben aus Gott, mit ihm und durch ihn programmiert den Lebensalltag neu. Gott fordert keine Ruhe und keine Entspannung, vielmehr vermittelt er Frieden, der alle Lebensbereiche erfasst. Gott realisiert diese Ruhe im Menschen, weil das Glücks- und Erfüllungsstreben in ihm befriedigt wurde.

Der Zeitdruck verringert sich.

Denkanstoß 19:
Packen Sie die erfüllte Zeit beim Schopfe!

Im Neuen Testament unterscheidet man *chronos* und *kairos*.

Chronos ist

- die messbare Zeit,
- die vergehende Zeit,
- die Uhr-Zeit.

Kairos dagegen ist

- die erfüllte Zeit,
- die Heilszeit,
- die passende Zeit,
- das letzte Angebot der Gnade.

Chronos meint eigentlich: teilen, zerschneiden, zerreißen. Ursprünglich war also der Zeitabschnitt gemeint. *Chronos* deutet also auf Vergänglichkeit hin.

Kairos dagegen ist die Zeit Gottes, die Heilszeit.

Dazu schreibt Axel Kühner: *»Der griechische Bildhauer Lysippos stellt kairos, die günstige Zeit, als einen schönen Jüngling dar, der vorne an der Stirn einen flatternden Haarschopf hatte und hinten im Nacken kahl geschoren war. Der Künstler wollte damit sagen, dass man den kairos, wenn er uns begegnet, ›beim Schopfe fassen‹ muss, denn ist der günstige Augenblick vorüber, gibt es nichts mehr zu fassen. So entstand die Redensart ›Die Gelegenheit beim Schopfe fassen‹, die uns daran erinnert, dass wir eine günstige Zeit und einen Augenblick des Heils nicht ungenutzt verstreichen lassen sollen.«*[9]

Die messbare Zeit stiehlt dem Menschen alles.

- Die Zeit stiehlt dem Menschen die Jugend.
- Die Zeit stiehlt dem Menschen die Schönheit.
- Die Zeit stiehlt dem Menschen die Gesundheit.
- Die Zeit stiehlt dem Menschen liebe Freunde.
- Die Zeit stiehlt dem Menschen das Leben.

Nur wenn wir die Zeit Gottes, den *kairos*, beim Schopfe packen, dann kann die Zeit uns vieles nehmen, aber nicht die Ewigkeit.

Wenn Jesus mit uns reden will, ist *kairos*-Zeit. In der Tat, diese Zeit können wir auch verpassen, weil uns tausend andere Dinge wichtiger sind und unsere Zeit beanspruchen.

Denkanstoß 20:
»Meine Zeit steht in deinen Händen.« (Psalm 31, 16)
Der jüdische Religionsphilosoph Martin Buber übersetzte diesen Vers so: *»Du bist mein Gott, in deiner Hand sind meine Fristen.«* Wörtlich steht in der hebräischen Bibel: *»Du bist Gott, in deiner Hand sind meine Zeiten.«*

Das heißt doch:

- *Ich* kann die Zeit nicht überlisten.
- *Ich* kann der Zeit kein Schnippchen schlagen.
- *Ich* kann der Zeit nicht ausweichen.
- *Ich* kann aber die Zeit in seine Hände legen.

Im Buch »Alice im Wunderland« wird erzählt, wie Alice eines Tages an eine Wegkreuzung kam. Dort fragte sie die Cheshire-Katze, welchen Weg sie einschlagen soll.

»Wo willst du denn hin?«, fragte die Katze.

»Das weiß ich auch nicht«, antwortete Alice.

»Oh«, sagte die Katze. »Wenn das so ist, dann kannst du auf beiden Wegen ans Ziel kommen.«

Wie haben wir diesen merkwürdigen Ratschlag zu verstehen? Wer nicht weiß, wohin er will, wer kein klar umrissenes Ziel hat, kann in der Tat alle Wege gehen. Sie führen alle zu irgendeinem Ziel – nämlich zum Irgendwohin. Auf keinen Fall landet er in der »himmlischen Welt«.

- Wer Gott gehört, hat ein Ziel.
- Wer Gott gehört, lebt nach seinen Maßstäben.
- Wer Gott gehört, weiß, dass er über seine Zeit und sein Leben nicht mehr einseitig verfügen kann.

Eigentlich muss der Lebenssinn im 21. Jahrhundert neu definiert werden. Das Maß für Leistung darf dem Menschen nicht von außen aufgedrückt werden, es muss vom Einzelnen festgelegt werden, der sich fragen sollte: »Wie sieht mein Leistungsprofil aus? Wie setzt sich mein Lebenssinn zusammen?«

Meine Zeit steht in deinen Händen, das heißt auch,

- meine Ruhe ist in deinen Händen,
- meine Zeit für mich,
- meine Zeit für dich,
- meine Krankheit und Gesundheit,
- meine Jugend und mein Alter,
- meine Kraft und meine Schwäche.

Und weil das so ist, darf ich gelassen leben, darf der Hektik den Rücken zeigen, darf die Schnelligkeit an mir vorbeiziehen lassen, denn in Gott ist der Halt- und der Fluchtpunkt der Weltgeschichte.

»Herr, lehre uns bedenken, dass wir sterben müssen.« Auch dieses Bibelwort ist hilfreich, das eigene Leben vor dem Herrn der Welt zu verantworten. Wer keine Zeit hat, das Ende zu bedenken, handelt hochgradig verantwortungslos.

Der Tod ist eine unleugbare Tatsache. Wir können ihn verdrängen, verleugnen und totschweigen. Aber wir können ihm nicht entgehen. Wer in Rummel, Unruhe, Arbeit und Getriebensein flieht, handelt wie ein kleines Kind, das sich ein Taschentuch vor das Gesicht hält und glaubt, unsichtbar zu sein. Leben wir auf das Ende zu, auf das Grab, auf die Vermoderung – oder auf ein Ziel, auf ein Weiterleben in der himmlischen Welt? Die Antwort entscheidet über mein Leben, über meine Ehe, über meine Kinder, über meine Arbeit, über meine Freizeit, über Alltag und Sonntag.

Oder darf ich sagen: »Meine Art zu leben und die Zeit

einzuteilen, ist die Antwort auf die existenzielle Frage nach Tod und Sterben.«

Wie sagte ein Weiser einst: »*Sag mir, was du tust, ich sage dir, was du denkst!*«

Der Theologe Jörg Zink hat das so formuliert: »*Wer das Leben ohne den Tod ansieht oder den Tod ohne das Leben, kennt weder das eine noch das andere. Einüben ins Sterben bringt meistens Klarheit über das Leben. Einübung ins Leben ist die beste Vorbereitung auf den Tod. Denn man kann sich zwar den Tod vor Augen halten, aber man kann ihn nicht üben. Jeder geht als Anfänger in seinen Tod.*«[10]

Das Gebet des Psalms hilft zur rechten Selbsteinschätzung und zum wahren Gebrauch der Zeit. Es bewahrt davor, Werte wie Erfolghaben, Glücklichsein und Jungbleiben zu überschätzen. In der Tat: Wer richtig zu leben versteht, wird auch richtig zu sterben verstehen. Wer den Tod bedenkt, schöpft die Tage, Stunden und Augenblicke besser aus. Er lernt, die Grenzen der Zeit höher zu bewerten. Er lernt, seiner Leistung, seinem Einfluss und seiner Position keinen zu hohen Stellenwert einzuräumen. Und er bedenkt, dass materielle Dinge, Einfluss und Geld im Angesicht des Todes auf ein Minimum zusammenschrumpfen.

Wer in diesem Sinne alt wird und sein Leben vor dem lebendigen Gott meistert, bedenkt den Tod. Das ganze Leben eines Christen ist Zeugnis für seine Auffassung vom Umgang mit der Zeit und dem Tod.

Eins ist notwendig

Unsere Zeit stellt uns viele Aufgaben. Wir werden von anderen gebraucht. Wie sagte ein Kirchenführer: »*Menschen sind wichtiger als Minuten.*«

Tausend Arbeiten sind wichtig, aber nicht notwendig.

Es kommt darauf an, Prioritäten zu setzen. Wie sieht es bei uns aus?

- Welchen Stellenwert haben unsere »guten Werke«?
- Welchen Stellenwert hat unser Herr Jesus Christus?

Sie kennen die Geschichte von Maria und Martha. Jesus hat hier eindeutig Position bezogen. Der Theologe Rolf Lindemann hat das Thema Maria und Martha folgendermaßen auf den Punkt gebracht: *»In der letzten Zeit hat mich die Frage nach dem Dringlichen und nach dem Wichtigen beschäftigt. In unserem Leben müssen das ja keine Gegensätze sein. (…) Um es vorwegzunehmen: Wir laufen heute Gefahr, vor lauter Dringlichkeit das Wichtige aus den Augen zu verlieren, ja das Dringliche ungeprüft als das Wichtige anzusehen und uns davon bestimmen zu lassen. (…) Das Dringende ist viel leichter erkennbar als das Wichtige, weil es uns drängt, sich uns aufdrängt und in uns einen Druck erzeugt. (…) Dringlichkeit und Druck engen uns ein und verdunkeln uns den Blick für das Wesentliche. (…) Die Frage an uns ist: Kennen wir Gottes Gedanken grundsätzlich aus der Bibel und für unseren persönlichen Alltag aus dem Hören auf sein Reden zu uns? Handeln wir, weil wir seine Gedanken und damit das Wichtige erkannt haben, oder wirken wir unter dem Druck des Dringlichen, weil wir eben seine Gedanken gerade nicht wirklich kennen? Wer das Wichtige und zurzeit Notwendige versteht, erliegt dem Drängenden viel weniger leicht und lebt effektiver und mit ungeteiltem Herzen im Frieden Gottes.«*[11]

Jesus stellt die Weichen gegen falsche Arbeitseinteilung und Zeitdruck. Dem pflichtbewussten und opferbereiten Martha-Menschen ruft er zu: »Nur eins ist notwendig!«

Und diese Priorität wird unserem Leben eine segensreiche Zeiteinteilung bescheren.

Literaturverzeichnis

Kapitel 1: Die Kunst, Zeit zu haben

1 Eva Tenzer, Lerche oder Eule? In: Psychologie heute, 9/2005, S. 15.

2 Amy Bjork Harris/Thomas A. Harris, Einmal O.K. – immer O.K., rororo Verlag, Reinbek b. Hamburg, 1990, S. 257f.

Kapitel 2: Ursachen für Zeitdruck, Nervosität und Unruhe

1 Jay E. Adams, Handbuch der Seelsorge, Brunnen Verlag, Gießen, S. 137.

2 Elisabeth Lukas, Von der Tiefen- zur Höhenpsychologie, Herder Verlag 1983, S. 204.

3 Peter Hahne, Schluss mit lustig, Johannis Verlag 2004 (11. Auflage), S. 121.

Kapitel 3: Persönlichkeitsstrukturen – ihr Umgang mit der Zeit

1 Fritz Riemann, Grundformen der Angst, Ernst Reinhardt Verlag, München/Basel 1976.

Kapitel 6: Die Uhrzeit und die Ereigniszeit

1 Robert Levine, Eine Landkarte der Zeit, Piper Verlag, München 1998, S. 118f.

2 Jaan Karl Klasmann, Gesundes Schwingen, in: Psychologie heute, 7/2005, S. 20ff.

3 David Labrador, Vom Wimpernschlag zur Ewigkeit, in: Spektrum der Wissenschaft, Phänomen Zeit, Heidelberg 2006, S. 24f.

Kapitel 7: Die Multioptionsgesellschaft

1 Till Bastian, Die Jagd nach dem Optimum, in: Psychologie heute, 6/2003, S. 50.

2 Till Bastian, a.a.O., S. 51.

3 Karlheinz Geißler, Wart mal schnell, Herder Verlag, Freiburg 2006, S. 112.

4 Peter Hahne, Wir haben Zukunft, Hänssler Verlag, Holzgerlingen 2005 (3. Auflage), S. 23.

Kapitel 8: Neurosige Zeiten

1 Heiko Ernst, Neurosige Zeiten, in: Psychologie heute, 8/2006, S. 3.

Kapitel 9: 20 Denkanstöße, um die Zeit sinnvoll zu gestalten

1 Buckminster Fuller, Ideas and Integreties, New York 1963, S. 114.

2 Werner Tiki, Küstenmacher/Marc-Wilhelm Kohfink, simplify your business, (spezial-Angebot) 2006.

3 M. de Montaigne, Essays, übersetzt von Hans Stilett, Frankfurt a. M. 1998, S. 137.

4 Ernst Lange, Von der Meisterung des Lebens, Burkhardhaus-Verlag, Berlin/Gelnhausen 1957 (2. Auflage).

5 Werner Tiki und Marion Küstenmacher, 100 Gründe, warum es sich lohnt zu leben, Pattloch Verlag, München 2003, S. 72.

6 Werner Tiki und Marion Küstenmacher, a.a.O., S.74f.

7 Tatjana Goritschewa in: Contrapunkt 4/1987.

8 Anselm Grün, 50 Engel für ein Jahr, Herder Verlag, Freiburg/Basel/Wien 1999 (2. Auflage) S. 113ff.

9 Axel Kühner, Aus gutem Grund, Aussaat Verlag, Neukirchen-Vluyn 2004, S. 38.

10 Aus: Jörg Zink, Sieh nach den Sternen ..., Kreuz Verlag, Stuttgart 1992, (4. Auflage).

11 Aus: Bausteine, Vereinigte Bibelgruppen, Schweiz, 5/6/1987, S. 151.